Saluki

Iris Schmidt

Lassen Sie sich durch die Zeit treiben, um den wahren Ursprung des Saluki zu entdecken, der auch als „Kind der Wüste" bekannt ist. Betrachten Sie historische Bilder aus Asien, Afrika und erfahren Sie darüber hinaus etwas über die Rasse in ihrem Ursprungsland. Folgen Sie der wachsenden Beliebtheit des Saluki in England, den USA und Deutschland und sehen Sie, wie eine der ältesten Rassen ihren Platz in der modernen Welt findet.

Entdecken Sie die besonderen Qualitäten des Saluki, einschließlich seiner überragenden Intelligenz, seiner anspruchsvollen Erziehung, seiner Anhänglichkeit und seines sanften Wesens. Finden Sie heraus, ob Sie die richtige Persönlichkeit besitzen, um ein „Saluki-Mensch" zu sein.

Informieren Sie sich mit Hilfe des Rassestandards über einen gut gezüchteten Saluki und vergleichen Sie den ersten deutschen Standard mit dem aktuellen FCI-Standard. Erfahren Sie, welche sportlichen Möglichkeiten es gibt, dem Hetztrieb des orientalischen Windhundes gerecht zu werden.

Lassen Sie sich bei der Auswahl eines guten Züchters und eines gesunden und typischen Saluki-Welpen beraten. Erfahren Sie, welche Verantwortung ein Hundehalter trägt, wie Sie Ihr Zuhause für den Welpen vorbereiten können, wie der Kleine sich am besten eingewöhnt und was zur Gesundheitsvorsorge gehört.

Informieren Sie sich über die Bedürfnisse Ihres Hundes, seine Ernährung, die Körperpflege, das Reisen mit dem Saluki und die Kennzeichnung Ihres Vierbeiners. Dieses Kapitel begleitet Sie bei seiner Pflege in allen Entwicklungsstufen.

Inhaltsverzeichnis

Charlotte Schwartz

Erfahren Sie, wie wichtig es ist, einen Saluki richtig zu erziehen, angefangen bei der unerlässlichen Stubenreinheit. Informieren Sie sich über die Entwicklungsstufen des Hundes und wie Sie Ihrem Saluki die Grundkommandos (Sitz, Platz, Bleib, usw.) beibringen. Lernen Sie zusätzliche Beschäftigungsmöglichkeiten zum Rennen und Coursing kennen, wie zum Beispiel Agility.

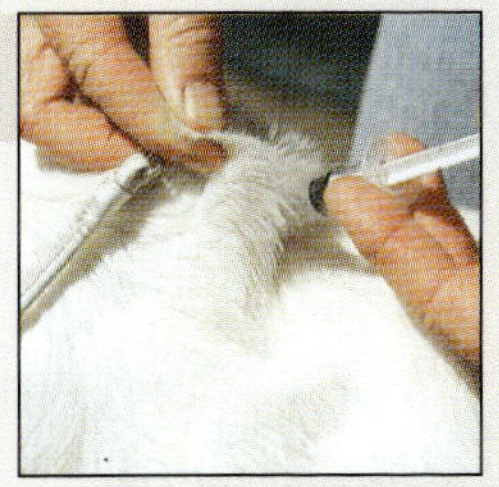

Erfahren Sie, wie Sie einen guten Tierarzt auswählen und Ihren Saluki in allen Lebensabschnitten optimal pflegen können. Hier finden Sie Informationen über Impfungen, die Behandlung von Parasiten und rassespezifischen Krankheiten.

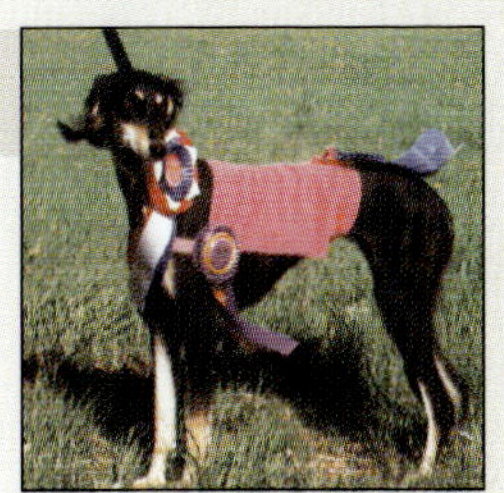

Erleben Sie die Welt der Hundeausstellungen in ihrer Vielfalt. Erfahren Sie, was einen Champion ausmacht und welche Möglichkeiten Ihnen die Mitgliedschaft in einem Verein bringt.

PraxisRatgeber Saluki

bede

ISBN 3-89860-017-3
bede-Bestell-Nr. PR 100

Fotos Isabelle Français, Alice van Kempen, Frank Powers, Steve Surfman, Karen Taylor und Michael Trafford.

Zusätzliche Fotos Norvia Behling, Mary Bloom, T. J. Calhoun, Carolina Biological Supply, Doskocil, James Hayden-Yoav, James R. Hayden, RBP, A. Jemolo, Carol Ann Johnson, Bill Jonas, Könemann Verlagsgesellschaft mbH, Köln, Dwight R. Kuhn, Dr. Dennis Kunkel, Mikki Pet Products, Phototake, Jean Claude Revy, Alice Roche und Dr. Andrew Spielman. Zeichnungen Patricia Peters.

*Wir bedanken bei folgenden Besitzern für die Erlaubnis, Fotos ihrer Hunde in diesem Buch veröffentlichen zu dürfen:
Helen Onto-Murphy, Frank und Winnie Powers, Joe und Pat Reese und Vickie Woods.*

Der Ursprung des Saluki liegt in Geheimnissen, Legenden und Volksmärchen verborgen. Die Rasse an sich, bzw. die Gruppe der sehr ähnlichen Rassen, wurde bereits seit der Zeit der ägyptischen Pharaonen abgebildet.

Die Geschichte des Saluki

„Geschenk Allahs" und „Der Edle" sind nur zwei von vielen Redewendungen, die den Saluki beschreiben sollen. Der Saluki ist eine uralte Rasse, die immer in Zusammenhang gebracht wird mit den Nomadenstämmen des Nahen und Mittleren Ostens, Südostasiens und Nordafrikas. Heute wird der Saluki als eine Rasse beschrieben, ich bevorzuge es allerdings, eine Gruppe von Hunden zu erörtern, die ich dem „Saluki-Komplex" zuordnen möchte. Es gibt viele so genannte Rassen, die sich sehr ähneln, hervorgebracht aus so verschiedenen Regionen wie den Ländern der früheren UdSSR, der nordwestlichen Küste Afrikas bis hin zu den südlichen Ausläufern Afrikas. Dazu gehören der Sloughi, der Azawakh, der Pharaonenhund, der Greyhound, der Afghanische Windhund, der Persische Windhund, der Chart Polski, der Khalag Tazy, der Taigan, der Bakhmul, der Galgo Espanol, der Magyar Agar und der Rampuri, um nur einige zu nennen!

Es ist offensichtlich, dass der Saluki-Typ dort seit uralten Zeiten bekannt ist. Er wird sogar mit den Menschen der frühen Zivilisationen in Zusammenhang gebracht, obwohl es sehr interessante Theorien gibt, wer wen domestiziert hat. Einige neuere Meinungen weisen darauf hin, dass das soziale Leben von Wölfen und Menschen der-

Anubis, Gott des Todes, wurde als ein Saluki-ähnlicher Hund mit stehenden Ohren dargestellt. Die bemalte Holzstatue ist datiert auf ca. 300 v.Chr.

art miteinander verknüpft war, dass man annehmen kann, die Wölfe hätten den Menschen domestiziert! Das Konzept einer „Alpha-Figur" scheint sich eingebracht zu haben in die gegenseitige Abhängigkeit zwischen Mensch und Hund. Eines Tages hatte sich der Alpha-Hund dem Alpha-Menschen unterworfen, die Mensch-Hund-Beziehung war entstanden.

Der Hund wurde Begleiter und Gefährte des Menschen, bewachte den Besitz und hütete Rinder, Ziegen und Schafe. Im Gegenzug erhielt er die Wärme des Feuers, Nahrung und die Zuneigung der menschlichen Familie. Die Eigenschaften, die den Hund des „Saluki-Komplex" von den wirklich hütenden und arbeitenden Rassen unterschieden, waren seine Unabhängigkeit und die Fähigkeit, auch ohne Anleitung des Menschen zu jagen.

Salukis sind alle Hetzhunde, bei allem, was sie jagen. Ein Hetzhund unterscheidet sich von seinen Artgenossen durch verschiedene Eigenschaften. Zum einen sind sie gezüchtet worden, um über lange Distanzen mit hoher Geschwindigkeit rennen zu können. Zum anderen haben sie einen so langen FAng, um die Beute zu packen und zu halten, sowohl mit dem Maul als auch mit den Läufen. Ferner können sie sich auf ihr außergewöhnliches Sehvermögen verlassen um die Beute zu verfolgen, der Blick geht niemals vom erspähten Wild ab. Natürlich sind sie

Die Begräbniskammer von Pashedu, datiert auf ca. 1200 v.Chr., wird von zwei Anubis-Hunden bewacht.

Bildnis der Nachtreise des Sonnengottes in einem Boot, das von vier Anubis-Hunden gezogen wird, während vier Kobras beten. Die Apophis-Schlange greift das Boot an. Tiere spielen eine große Rolle in Ägyptens vorchristlicher Geschichte.

auch mit einer Nase ausgestattet - und sie nutzen sie! Kein Hund wird durch eine Wüste oder einen Wald rennen in der Hoffnung, dass ein Tier seinen Weg kreuzt und in seinem Sehfeld erscheint, damit er es erblicken kann. Erst die Nase, dann die Augen! Ist aber einmal die Beute erspäht, geht alles nur noch über das Auge.

Die wirkliche Geschichte des Saluki und der ihm verwandten Rassen ist mit der Zeit verloren gegangen. Von jeder Rasse des Komplexes wird behauptet, dass die ägyptischen Bilder und Statuen diese Rasse darstellen. Was wir heute sehen, sind überall zu findende Windhunde, die die Gazellen der Wüste gejagt haben.

Verschiedene frühe Kunstarbeiten lassen oft nur die Darstellung von Salukis vermuten. Mehr überzeugen da schon die Siegelabdrücke von Tepe Gawra in Mesopotamien, etwa 4000 bis 3700 v. Chr. und Bilder und Skulpturen aus dem Grab des Tutanchamun (circa 1352 bis 1325 v. Chr.). Es gibt einige frühere Abbildungen von hängeohrigen Hunden in der ägyptischen Kunst, die vielleicht von mesopotamischen Arbeiten inspiriert, diesen nachgebildet oder sogar selbst von mesopotamischen Künstlern hergestellt worden sind.

Die Abhandlung von Arrian von 139 n. Chr. beschreibt die Hetzjagd mit einer von ihm als „keltische“ Hunde bezeichneten Rasse, die bei den Römern als *vertragi* bekannt waren, abgeleitet von ihrem original keltischen Namen. Diese scheinen noch eher die Greyhound-Vorläufer gewesen zu sein als der Saluki.

Das in Arabisch geschriebene Wort „Saluki" wird oft als "slu-ghi" gedeutet.

Es gibt eine Anzahl von sehr realistischen Saluki-Darstellungen im Mittelalter und der Renaissance, die ihn sowohl befedert, als auch glatthaarig zeigen. Vielleicht waren sie die Nachkommen der Salukis, die einst die Kreuzfahrer mitbrachten, oder sie zeugten von den Handelsbeziehungen und Verbindungen in die moslemische Welt. Das sind alles keine unumstößlichen Beweise, aber sie stärken die Annahme, dass Salukis schon seit zumindest 4000 v. Chr. existieren, vielleicht sogar noch viel länger. Die Tepe Gawra-Abbildungen haben genau dieselben Körperproportionen wie sie heute ein guter Saluki haben muss, sozusagen mehr der Stammvater als nur eine Variation.

Nun, wo soll man beginnen? Die Geschichte des Saluki, wie wir sie heute kennen, begann mit den ersten britischen Abenteurern, die in den Nahen und Mittleren Osten reisten. Obwohl einige Salukis schon im Mittelalter nach Europa gebracht wurden, fanden diese Hunde erst im späten 19. Jahrhundert Beachtung bei den Europäern, besondern bei den Engländern. Doch schon vorher wurden Salukis nach England gebracht. Als Beweis dient das 1837 entstandene, berühmte Portrait des in England gezüchteten Saluki Zilla, der zu dieser Zeit im Londoner Zoo gehalten wurde. Es ist ein fantasievolles Bild, das Zilla mit einem handler (Betreuer) im persischen Kostüm darstellt.

1875 machte Lady Anne Blunt, die mit dem britischem Diplomaten Wilfried Scawen Blunt verheiratet war, eine Reise nach Zentralarabien, die in Bosra endete. Sie beschrieb dieses Abenteuer in dem Buch *A Pilgrimage to Nejd* (Eine Wallfahrt nach Nejd). Die Reise führte vom Mittelmeer zum Persischen Golf quer durch Arabien. Sie erwarb zwei oder drei Salukis von ihren beduinischen Gastgebern, die sie „Windhunde"

Die Gattung *Canis*

Hunde und Wölfe sind Mitglieder der Gattung *Canis*. Wölfe tragen die wissenschaftliche Bezeichnung *Canis lupus*, während Hunde als *Canis familiaris* bezeichnet werden. Hunde und Wölfe können sich untereinander paaren. Der Begriff *canis* kommt aus dem Lateinischen und bedeutet hundeartig. Dies ist zwar kein wissenschaftlicher Begriff, er wird aber schon seit tausenden von Jahren benutzt.

Vordere Seite (links) und hintere Seite (rechts) eines Schiefers, der zwischen 6000 und 5000 v. Chr. graviert wurde und Salukis bei der Jagd auf Gazellen darstellt.

Ausschnitt einer Wandmalerei im Grab des Rekh-ma-ra im westlichen Theben in Ägypten, etwa 1400 v. Chr.. Es zeigt Salukis in einem Umzug mit Kriegsbeute. Es handelt sich um eine Reproduktion, die von Dr. Howard Carter für Lady Florence Amherst angefertigt wurde.

Jeder dieser Salukis war ein Sieger der Ausstellung des *Saluki and Gazelle Hound Club* in Ranelagh 1934. Besonders bemerkenswert ist der glatthaarige Saluki. Dieser und zwei der anderen gehörten Miss G. A. Desborough; die restlichen Hunde stammten von Lady Florence Amherst.

„Die Auffindung des Moses“, ein berühmtes Bild von Paolo Veronese (1528 bis 1588). Veronese war ein italienischer Maler der Spätrenaissance. Er schuf viele detailfreudige Meisterstücke wie dieses, in welchem ein Diener zwei Salukis hält (links unten).

Reproduktion eines 1703 gemalten Bildes von John Wotton, das das berühmte arabische Pferd Byerley Turk und einen Saluki von gutem Typ zeigt. Die meisten von Wottons Bildern mit arabischen Pferden enthalten auch Salukis.

nannte. Was aus diesen Hunden wurde, die anscheinend zum kurzhaarigen „Wüstentyp“ gehörten, ist nicht bekannt. Eine andere außergewöhnliche Frau war Gertrude Bell, deren Onkel der britische Botschafter in Persien in den 1890ern war. Sie erhielt zwei befederte Salukis von Fahad Beg ibn Hadhdhal, einem Scheich des Anaizah-Stammes in Arabien. Sie nannte diese Hunde „Arabische Windhunde“ und nahm sie oft mit, wenn sie ausritt. Ob sie wirklich mit ihnen jagte oder nicht, ist nicht bekannt.

1895 importierte Lady Florence Amherst, die Tochter eines Ägyptologen, die ersten Salukis nach England, um diese ursprünglichen Hunde für die Gegenwart zu erhalten. Sie kamen aus Ägypten und waren wenn überhaupt leicht befedert. Lady Florence Amherst bezeichnete sie als „südliche Linie“. Sie gründete die berühmte Amherstia-Zucht und verfasste die erste veröffentlichte Beschreibung des Saluki. Diese diente als Standard für die Rasse bis zum Jahr 1923, als der Saluki or Gazelle Hound Club gegründet wurde und der erste Zuchtstandard genehmigt wurde.

1919 veröffentlichte die britische National Geographic Society (Die nationale geographische Gesellschaft) von England ein Buch über Hunde (*The Book of Dogs*). Aufgeführt als der Persische Gazellenhund oder Slughi, wird der Saluki als ein befederter Hund beschrieben, der einem Greyhound ähnlich sieht, aber „kurz und gerade im Körper ist, trotzdem sehr lange und langgliedrige Beine hat. Wenn er im Profil steht, formen der Umriss von Vorder- und Hinterbeinen, des Rückens und der Unterlinie ein fast perfektes Quadrat“. Der Artikel fährt fort, „eine Tatsache, die dazu beiträgt, das Altertum des Slughis zu belegen, ist, dass keine Kombination von bekannten Hunden dazu fähig zu sein scheint, eine Kreatur gerade wie ihn zu produzieren“.

Salukis wurden mit den Kreuzfahrern sehr beliebt. Porträtiert ist hier Herzog Heinrich der Fromme von Sachsen mit einem Saluki. Sowohl die Ärmel des Königs als auch das Halsband des Saluki sind mit den gleichen Abzeichen des Pilgers verziert. Ein Bild von Lucas Cranach (1472-1553), deutscher Maler und Radierer.

Ein altes Bild, das die großartige Zeremonie darstellt, in der ein weißer Falke dem großen Mogul Kaiser Akbar überreicht wird. Im Vordergrund ist ein Saluki zu erkennen.

In Hutchinsons *Encyclopaedia of Dogs* werden Salukis als „anmutig, würdevoll und vornehm beschrieben, gebaut auf Linien, die Geschwindigkeit und Durchhaltevermögen beherrschen. Ihre Glieder sind schlank mit guter Qualität des Knochens, und wie das Rassepferd besitzen sie subtile Stärke und Kraft. Sie sind tief gezogen mit einem großen Herzvolumen, das ihnen ihre wunderbare Ausdauer gibt. Eleganz in der Erscheinung sollte nie aus den Augen verloren werden, genau wie die für die Tiere der Wüste eigentümliche subtile Stärke, die sowohl ihr Zauber, als auch ein besonderes Geschenk ist."

Der arabische Ausdruck für alle diese Hunde bedeutet einfach „Hetzhund". Die europäische phonetische Interpretation des arabischen Wortes war sloughi, slughi, sleughi, slugi, sloeqi, saluqi und saluki gewesen. Ein Teil dieses Durcheinanders ergibt sich aus der Tatsache, dass die befederten Hunde häufiger im Irak und in Arabien gesehen wurden, während die Hunde, auf die man in Ägypten, der Sahara und in Marokko stieß, meist glatthaarig waren. 1935 beschrieben die Franzosen alle kurzhaarigen Arten als „Sloghi" und bezeichneten sie als eine eigene Rasse.

Ein moderner Sloughi, fotografiert 1999 auf der Crufts-Ausstellung in Birmingham.

Reproduktion eines prächtig detaillierten Gemäldes von Paul Veronese, das persische Gesandte zeigt, die dem Dogen von Venedig ihre Aufwartung machen und Geschenke überreichen. Auch hier ist im Vordergrund wieder ein Saluki zu erkennen.

Der Kennel Club, der seinen 1923 veröffentlichten Standard beibehielt, nannte alle Hunde der Rasse, ob glatthaarig oder befedert, entsprechend der arabischen Tradition „Saluqi“. Als jedoch der Standard herausgegeben wurde, wurde die Schreibweise in „Saluki“ geändert. Regionale Arten wurden von den Arabern unterschiedlich bezeichnet. Die befederten Hunde wurden „Slughi Shami“ und die glatthaarigen Hunde „Mogrebi Slughi“ genannt. Sie kannten auch den „Akh-tazeet“ (Kirgisischer Windhund) von Zentralasien und den „Tazi“, den Saluki der Türkei, des Iraks und des Irans. Heute behaupten Liebhaber dieser Hunde, dass sie verschiedene „Rassen“ sind. Die Araber und ihre Vorfahren betrachteten diese Hunde nie als Rassen, sondern als Vertreter verschiedener geographischer Bereiche. Jeder Rasseklub behauptet heute vehement, dass sich „seine Rasse“ auf der Grundlage von Körpermessungen, Beschreibungen des Gangs, der Größe und des Gewichts und anderen Variablen klar abgrenzt. Es wurden sogar DNA-Beweise vorgelegt, die zeigen sollen, dass der Sloughi und der Afghanische Windhund enger verwandt sind, als der Saluki und der Sloughi!

Der Saluki im Mittleren Osten

Der Saluki wurde „Al-Hurr“, der Edle, genannt. Ihm wurde erlaubt, in den Zelten zu schlafen, er trug mit winzigen

Der hier dargestellte, moderne Sloughi ist eine Neuerschaffung eines alten kurzhaarigen Hundes aus Nordafrika.

In der Wüste gezüchtete Hunde besitzen eine charakteristische Eleganz, begleitet von Stärke und Durchhaltevermögen.

Glöckchen dekorierte schöne Halsbänder und er war der einzige Hund, von dem angenommen wird, dass er „rein" ist. Im Islam wurden alle Hunde mit Ausnahme des Saluki als „unrein" bezeichnet, der gewöhnliche Hund wurde „Kelb" genannt. Salukis wurde nie erlaubt, das erlegte Wild tatsächlich zu töten, weil der islamische Glaube es verbietet, das Fleisch dann zu essen. Sie wurden eingesetzt, um das Tier zu fangen und es zu halten, bis der Jäger ankommen war und die Beute rituell teilen konnte. Die von den Hunden gefangenen Hasen wurden bewusstlos, aber lebendig zu den Jägern gebracht. Deswegen darf die Rolle des Saluki als Ernährer, der den Topf mit frischem Fleisch füllte, nicht unterschätzt werden!

Der Saluki war wie das Pferd ein grundlegender und unentbehrlicher Bestandteil des Lebens der Nomadenvölker des Nahen Ostens. Ein Verkauf der schönen und ebenmäßigen Tiere war ausgeschlossen! Im Gegenteil wurden die besten Tiere oft verborgen, wenn es Stammestreffen gab. Denn entsprechend der Tradition hätte das Tier dem Besucher zum Geschenk gemacht werden müssen, wenn er es bewundert hätte. Das war auch der Grund, warum das Erbmaterial dieser Hunde über große Regionen verbreitet war, außerdem durch „versehentliche" Paarungen der Tiere bei Stammestreffen oder wenn

Ein Sloughi aus Nordafrika in der Mitte der 30er-Jahre des zwanzigsten Jahrhunderts.

die Hunde anderen Stämmen zum Geschenk gemacht wurden. Der europäische Begriff einer „Rasse“ war den Nomaden ziemlich fremd. Sie schätzten ihre Hunde vielmehr für ihre Jagdkünste und die Fähigkeit, in der strengen und feindlichen Umgebung zu überleben, nicht aber für einen imaginären Aspekt des Hundes.

Der moderne Saluki

Die ersten Hunde von Lady Florence Amhersts, die sie 1897 in Ägypten erhalten hatte, wurden 1903 registriert. Schon früher, im Jahr 1900, ließ Lucy Bethell eine Hündin registrieren. Diese drei Hunde waren die ersten Salukis, die in England für Nachwuchs sorgten. Zwischen 1905 und 1917 ließ Lady Florence Amherst fast 60 Welpen in das Zuchtbuch eintragen. Während des Ersten Weltkriegs gab es keine Registrierungen, aber nach dem Krieg kehrten viele Soldaten mit Salukis aus dem

Ein Trio von Kirgisischen Windhunden oder auch Akh-tazeet.

Ein Afghanischer Windhund von 1888, früher auch Barukhzy-Hund genannt.

Mittleren Osten zurück. Sarona Kelb, ein 1919 in Damaskus geborener und von Oberstleutnant Lance importierter Saluki, war der erste Challenge Certificate-Gewinner, vorgestellt auf der Kennel Club Show im Oktober 1923. Ich habe mich immer über die Verwendung des Begriffs „Kelb" im Namen des Hundes gewundert, weil die Araber das Wort für die Bezeichnung „unrein" verwenden und es für einen Saluki gar nicht passt. Ein anderer Saluki wurde 1919 registriert, sein Name war Hama von Homs, der in Syrien geboren und von Major C. W. Bayne-Jardine importiert wurde. In den Jahren bis zum Zweiten Weltkrieg wurden viele Salukis eingeführt und registriert. Sie bildeten den Grundstock der heutigen Saluki-Zucht in England. Je mehr Würfe in England fielen, desto geringer war das Interesse an importierten Hunden aus den Ursprungsländern.

Auch Deutschland kann inzwischen auf eine fast 80-jährige Saluki-Zuchtgeschichte zurückblicken. Die ersten Salukis wurden sogar schon 1863 auf der Deutschen Rassehundausstellung in Hamburg gezeigt, Zuchtbucheinträge gab es damals allerdings noch nicht. Diese begannen 1920 mit zwei Importen: dem Rüden Rishan und dem Rüden Abdul. Eingeführt wurden diese Hunde von Mitarbeitern, die am Bau der Bagdad-Bahn beteiligt waren. Den ersten Saluki-Wurf gab es 1922 im Zwinger „von Persien" von Frau Woltering. Die Elterntiere (der Rüde Cyrus und die Hündin Slongha) stammten aus der Zucht des Sultan Ahmed Shah Kadjer in Teheran. Das Interesse an aus den Ur-

Möglicherweise ist der üppig behaarte Afghanische Windhund näher mit dem Sloughi verwandt als der befederte Saluki.

sprungsländern importieren Salukis ließ später auch in Deutschland nach und es wurde hauptsächlich auf Bestände aus Europa zurückgegriffen. Eine große Rolle spielte bei uns der in England berühmte Rüde Sarona Kelb, dessen Nachkommen in Deutschland häufig zur Zucht eingesetzt wurden. Legendär ist auch der Zwinger „el Saluk", gegründet von der in Deutschland lebenden Schwedin Gullan Linderoth, die 1926 den ersten Wurf züchtete. 1930 gab es schon mehrere Züchter, die sich dieser orientalischen Rasse verschrieben hatten, und viele Welpen trugen Sarona Kelb im Stammbaum. Ende 1940 hatte das Saluki-Zuchtbuch schon 529 Einträge, doch wie bei vielen anderen Rassen auch brachte der Zweite Weltkrieg eine drastische Verringerung der Zuchtbasis mit sich, so dass von 1950 bis 1960 wieder zwölf und in den 1970er Jahren fünfzig Tiere importiert wurden, alle vornehmlich aber aus England, Holland, der Schweiz und später auch aus den USA. Viele Hundeliebhaber versuchten sich in der Saluki-Zucht, doch nur wenige blieben ihrer Leidenschaft treu. Die älteste, noch bestehende Saluki-Zuchtstätte in Deutschland „von der Irminsul" von Frau Else Spiegel und Frau Meike DeHaney begann 1969 mit einer einflussreichen „el Saluk"-Hündin.

Heute gibt es fast 30 Saluki-Züchter in Deutschland, die dem DWZRV angeschlossen sind, so dass jeder Interessent den Saluki auswählen kann, den er sich vorstellt.

In den Jahren 1998 und 1999 wurden 252 Salukis in das Zuchtbuch des Deutschen Windhundzucht- und Rennverbandes eingetragen, somit ist der orientalische Windhund auch heute noch weit davon entfernt, ein Modehund zu sein. In Mode zu kommen hat noch keiner Rasse genutzt. Denn neben den

Der Saluki, seit Jahrtausendenals schneller Hetzhund gezüchtet, ist ebenfalls als wunderbarer Familienhund bekannt.

Die berühmte Lady Florence Amherst, die Salukis nach Großbritannien einführte und die ersten Standards schrieb, ist hier mit Wurfbrüdern abgebildet, die von ihren importierten Hunden abstammen.

Züchter, die sich mit ganzem Herzen „ihrer“ Rasse verschrieben haben, versuchen viele skrupellose Hundevermehrer, das große Geschäft mit den Tieren zu machen. Dabei weiß jeder seriöse Züchter, dass er es mit der Hundezucht nicht zu Reichtum bringen kann. Dem Kaufpreis eines Rassehundes stehen die Kosten für die Fütterung aller Tiere in der Zuchtstätte, Tierarztkosten, und die Aufwendungen für die Eintragung der Tiere gegenüber. Hinzu muss noch das Geld eingerechnet werden, das für Ausstellungen, Rennen und Coursing anfällt, und vieles mehr – von der „Rund-um-die-Uhr-Betreuung“ ganz zu schweigen. Hundezucht kann nicht wie ein Geschäft betrieben werden, denn die Natur lässt sich nicht berechnen. Statt der sonst vielleicht üblichen sechs Welpen eines Wurfes kann es durchaus vorkommen, dass eine Hündin nicht wie geplant trächtig wird oder vielleicht nur zwei Kinder bekommt. Der Käufer eines Saluki kann sich also gewiss sein, dass der anvisierte Züchter sich der Rasse verschrieben hat und nicht auf das große Geld aus ist. Sein Interesse wird es sein, den bestmöglichen Platz für seine Schützlinge zu finden und nicht einfach, die Hunde möglichst teuer und einfach loszuwerden. Salukizucht ist Liebhaberzucht im wahrsten Sinne des Wortes und der Züchter ist sich seiner Verantwortung bewusst.

Der in einer sehr alten Gravierung dargestellte persische Windhund.

Geschichten vom Saluki

Die folgenden Geschichten sind von ihrem Autor, Dr. John Burchard von „Tepe Gawra Salukis“ beigetragen worden.

Verloren und gefunden

Einer meiner Beduinen-Freunde, den ich Obeid nennen werde, war ein älterer Stammesangehöriger, der im Alter von etwa 90 Jahren immer noch aktiv an unseren Jagden teilnahm. In seiner Jugend hatte er einen Saluki-Rüden, der alle anderen Salukis des Stammes und sogar die großen Herdenschutzhunde besiegen konnte. Eines schönen Wintertages machte sich Obeid auf zu einer Reise zu weit entfernten Jagdgründen, reitend auf seinem Kamel, mit dabei sein Falke, dem eine Kapuze die Augen verdeckte, und sein Saluki, der nebenher trabte. Nach einer Weile schlief er durch die rhythmischen Bewegungen des Kamels ein.

Das Kamel stolperte, Obeid erwachte und sah mit Entsetzen, dass sein Falke, der sich durch den Stoß von seiner Sitzstange befreit hatte, unaufhaltsam in den Himmel stieg. Dies ist eine der schlimmsten (und peinlichsten) Katastrophen des Falkners: ein Falke, der mit Kapuze losfliegt! Denn mit verbundenen Augen zu landen traut er sich nicht und fliegt stattdessen immer weiter, hoch in die Lüfte steigend. Nach einigen Kilometern wird er vor Erschöpfung langsam zur Erde sinken und eine Bruchlandung machen. Wenn er es dann nicht schafft, seine Augenbinde abzustreifen, wird er bald das Opfer eines vorbeikommenden Fuchses oder Schakals. In jedem Fall ist er für den Falkner verloren. Doch damit nicht

genug, rannte Obeids Saluki, der daran gewöhnt war, mit dem Falken zu jagen, in die Ferne davon und folgte dem am Himmel schon fast unsichtbaren Vogel.
Gründlich niedergeschlagen folgte Obeid auf seinem Kamel den Spuren, weil er wenigstens hoffte, seinen Hund noch wiederzubekommen. Nach vielen Stunden des müden und anstrengenden Fortkommens sah Obeid einen dunklen Fleck im dem eintönigen Wüstengelände. Langsam näher kommend, konnte er die Form seines Saluki erkennen, der erschöpft auf dem Sand lag. Aber was war das? Der Hund hielt etwas zwischen seinen Pfoten. Es war der Falke! Ein Hund, der Falken angreift, ist als Wüstenjäger nutzlos, sodass Obeid schweren Herzens sein Gewehr anhob, um den wertlosen Hund zu erschießen. In diesem Moment rührte sich der Falke und versuchte zu entkommen. Der Hund taumelte mit den Füßen, holte den flatternden Falken ein und drückte ihn wieder zu Boden.
Wie ein Blitz überkam es Obeid, und er begriff, dass der Falke unverletzt war und sein Hund dessen Flucht verhinderte. Mit Freude hob er seinen zerzausten, aber sonst unbeschädigten Falken auf, gab Falken und Hund Wasser und machte sich nach einer ausgiebigen Rast auf seinen langen Heimweg. Hund und Falke hatten sich bis dahin so gut erholt, dass sie tatsächlich noch einen Hasen fingen, bevor sie bei den Zelten ankamen.

Schafe hüten

Diese und die folgende Geschichte erzählen beide von einem Saluki, den ich selbst sehr gut gekannt habe. Sein Name war La'aban, und er gehörte einem wunderbaren Freund von mir

Salukis in der ägyptischen Wüste, etwa 1930.

mit dem Namen Bargash An-Naimi. La'aban war ein außergewöhnlicher Jäger und eine außergewöhnliche Persönlichkeit. Seine Mutter Sarha war sogar noch berühmter, sie schaffte es einmal an einem einzigen Tag, 12 Gazellen zu fangen – aber das ist eine andere Geschichte.

Mein Freund Barghash begann als beduinischer Nomade. Als Jugendlicher nahm er einen Job bei der neuen, später als Aramco bekannten Ölgesellschaft an. Als ich ihn kennen lernte, war er der Eigentümer einer wohlhabenden Firma. Wenn er nicht verreist war oder auf einem Jagdausflug – außer dem Geschäft seine Hauptbeschäftigung – lebte er in einem großen Haus in Thuqba, einer Art arabischem Viertel nahe der geschäftigen Stadt Al-Khobar an der Küste von Saudi Arabien, gegenüber von Bahrain. Thuqa erlaubte immer noch die „Bewegungsfreiheit" für einen traditionellen Lebensstil, und so gab es in Barghashs Haushalt eine Schafherde, die bei Nacht im geräumigen Hof gehalten und während des Tages zum Weiden in die nahe gelegene Wüste gebracht wurde, wenn wenigstens einige Familienmitglieder zu Hause waren. War niemand zu Hause, wurden die Schafe im Hof mit einem reichhaltigen Vorrat an Heu und Wasser eingesperrt. Barghash besaß und züchtete auch auffallend schöne Salukis. Der bemerkenswerteste Hund in diesem bemer-

Eine in England von Honourable Florenz Amherst gezüchteter Saluki des Shami-Typs.

kenswerten Rudel war der bereits genannte Rüde La'aban („Der Verspielte"), dessen Jagdtapferkeit weit und oft gefeiert wurde.
Eines Wochenendes machte sich Barghash auf, um einige Tage in Katar zu verbringen, wo er Verwandte besuchen wollte. Die restliche Familie war weg, um Verwandte anderswo zu besuchen. Jemand vergaß das Tor richtig zu schließen und das nächste, an was sich die Leute erinnern konnten war, dass die Schafe durch die Straßen von Thuqba wanderten. La'aban beschloss, dass dieser Zustand so nicht anhalten konnte, kreiste zum großen Erstaunen der Nachbarn die Schafherde ein und trieb sie in den Hof zurück. Anschließend legte

Oben: Ein seltener Rampur-Hund, der aus Rampur in Nordindien stammt. Einige dieser Hunde wurden in der ersten Hälfte des 20. Jahrhunderts nach England ausgeführt und dort ausgestellt.

Ein typischer, moderner Saluki europäischen Ursprungs.

er sich in das offene Tor und passte auf, dass die Schafe sich nicht wieder aus dem Staub machten. Er blieb dort drei Tage lang liegen, bis sein Herr wieder zurückkehrte.

Höflichkeitsbesuche

La'aban war der absolute „Chef“ des Hunderudels, besonders als er älter wurde. Entsprechend der typischen arabischen Art lebten die Salukis im Hof oder auf den Kissen der guten Stube. Sie hatten aber die Möglichkeit zu kommen und zu gehen, wie es ihnen beliebte, denn das Tor war niemals geschlossen, wenn jemand zu Hause war.

Um „frisches Blut“ in seine Zucht zu bringen, erwarb Barghash einen halbwüchsigen Salukirüden einer entfernten aber verwandten Linie. La'aban hasste diesen emporgekommenen Neuling mit Leidenschaft, doch weil es ihm nicht erlaubt war, den Eindringling zu verjagen oder zu verprügeln, mied er den Jungen, wann immer er konnte. Eines schönen Tages, während Barghash und seine Söhne außer Haus waren, um Geschäfte zu erledigen, blieb ein Lastwagen vor dem Haus stehen. Zwei junge Männer sprangen heraus, ergriffen den Welpen, stopften ihn in den Lastwagen und machten sich hastig aus

Mythen und Legenden umgeben den Saluki auch heute noch, genauso wie die unzähligen Anekdoten, die über die bemerkenswerten Fähigkeiten und Meisterleistungen der Rassen berichten.

Obwohl er von Natur aus ein Hetzhund ist, ist der Saluki heute auf Hundeausstellungen weltweit auffallend häufig zu bewundern.

dem Staub. Sie fuhren so schnell wie möglich in die große Stadt Dammam, etwa 15 Meilen entfernt. Irgendwo im Irrgarten von Seitenstraßen hielten sie vor einem Haus, verschwanden darin und nahmen den Welpen mit.

Sie denken jetzt bestimmt, dass La'aban einen Seufzer der Erleichterung wegen des plötzlichen Verschwindens seines verhassten jüngeren Rivalen getan hat, doch im Gegenteil. Stattdessen machte er sich auf eine heiße Verfolgungsjagd des Lastwagens. Natürlich wurde er bald abgehängt, aber er gab die Verfolgung nicht auf und setzte vermutlich seine Nase ein (niemand weiß es sicher), bis er den Lastwagen in der Gasse in Dammam geparkt fand. Er sprang auf die Ladefläche des Lasters und begann, wild zu bellen. Vom Spektakel angezogen, versammelte sich schnell eine Menschenmenge, und jemand erkannte La'aban.

Gerade rechtzeitig telefonisch benachrichtigt, erschienen Barghash und seine Söhne auf der Szene. Die jungen Männer wurden als Eigentümer des Kleinlasters identifiziert, ihr Haus wurde gestürmt und der Welpe zurückgeholt. Barghash sagte nicht, was mit den jungen Männern geschah, aber Saudi-Arabien behandelt Diebe nicht freundlich, und ich denke, die Nachbarn taten dies auch nicht.

Der Saluki wird sowohl für seine aristokratische Ausstrahlung, als auch für seine Loyalität und seine Intelligenz hoch geschätzt.

Typische Merkmale des Saluki

Die Erziehbarkeit des Saluki

Die üblichen Bezeichnungen, die man über den Saluki erhält, sind „reserviert“ und „loyal“. Windhunde im Allgemeinen und Salukis im Besonderen haben ihre eigenen Ansichten darüber, was akzeptabel ist und was nicht, und sind sehr intelligent. Während sie liebevoll und freundlich mit ihren Familien umgehen, sind sie gegenüber Fremden reserviert. Viele Leute denken, dass ein Saluki nicht erzogen werden kann. Hier muss ich widersprechen. Sie können einen Saluki wie jeden anderen Hund auch erziehen, doch Sie brauchen eine gehörige Portion Geduld. Sie müssen dem Hund die Zeit geben, das Kommando zu überdenken, sich für das Kommando zu entscheiden und schließlich auf es zu reagieren. Ein Saluki reagiert nie in der Art und Weise, wie ein Retriever dies tut! Salukis sind nicht gezüchtet worden, um jeder Laune ihres Herrn zu gehorchen, eher war es umgekehrt.

Es gibt nichts Schlimmeres als einen undisziplinierten Hund, und Salukis sind da keine Ausnahme. Die Ausbildungsmethode muss allerdings maßgeschneidert zum Tier passen, aber dann der Hund lernen. Sie müssen ihn davon überzeugen, dass es seine Idee war, nicht Ihre. Diese Art zu erziehen erfordert einen Trainer mit viel Hundeverstand, Wissen und Geduld.

Der Saluki ist kein Hund für jedermann. Seine Erziehung erfordert Geduld, Hundeverstand, Entschlossenheit und oft gehört auch Überzeugungsarbeit zu den Aufgaben des Trainers.

„Komm“ und andere Kommandos werden vom Saluki gerne befolgt, wenn er langsam herangeführt wurde! Nichtsdestotrotz ist es wichtig, dem Welpen früh beizubringen, dass er kommen muss, wenn er gerufen wird. Doch das selbstständige Wesen zusammen mit der großen Intelligenz dieser Rasse, kann dies zu einem Willenskampf machen. Sein Gedächtnis ist lang, das müssen Sie bedenken! Wenn Sie mit einem dieser Hunde arbeiten, müssen Sie erkennen, dass seine guten Sinne, als auch die unabhängige Natur, die die Rasse besitzt, entscheidend für Ihren Erfolg sein werden.

Wussten Sie schon?

Die Wissenschaft zeigt, dass sich die Haltung eines Haustieres positiv auf die Gesundheit auswirken kann. Eine Studie aus dem Jahr 1998, die im *American Journal of Cardiology* veröffentlicht wurde, ergab, dass die Haltung eines Haustieres lebensverlängernd sein kann. Haustierbesitzer haben einen niedrigeren Blutdruck, die Tiere helfen ihren Besitzern, sich zu entspannen und körperlich fit zu bleiben. Ältere Menschen verlieren so den Kontakt zur Außenwelt nicht.

Es gibt keinen Grund, warum ein Saluki nicht an eine Hundebox oder einen Hundekäfig gewöhnt werden sollte, wie andere Hunde auch. Einige Hundefreunde denken, dass Salukis „frei sein müssen", um ihre Wüstennatur entfalten zu können, aber in der heutigen Welt ist dies ein Rezept für eine Katastrophe. Jedoch muss ein Saluki nicht ständig unter Kontrolle sein. Sobald Sie dem Hund beigebracht haben zu kommen, wenn angerufen, wird er es tun, aber wann er es für richtig hält. Anreize, die häufig bei der Erziehung anderer Rassen verwendet werden, sind hier nicht besonders nützlich. Salukis sind zwar an Futter interessiert, aber nicht in dem gleichen Maße wie ein Labrador. Sie müssen eine aktive Beziehung zu Ihrem Hund aufbauen, die auf gegenseitigem Vertrauen basiert. Sobald Sie diese Partnerschaft geschaffen haben, tut Ihr Saluki alles, was Sie von ihm wollen, wenn Sie ihm zugestehen, die Aufgabe in seinem Tempo zu erledigen.

Verhalten in der Familie

Wie bei allen anderen Hunden auch gibt es in einem Saluki-Rudel eine Rangordnung. In diesem Rudel gibt es immer einen Rudelleiter, den „Alpha"-Hund, gegenüber dem alle anderen Hunde in der Gruppe unterwürfig sind. In den meisten Rudeln ist es die älteste Hündin.

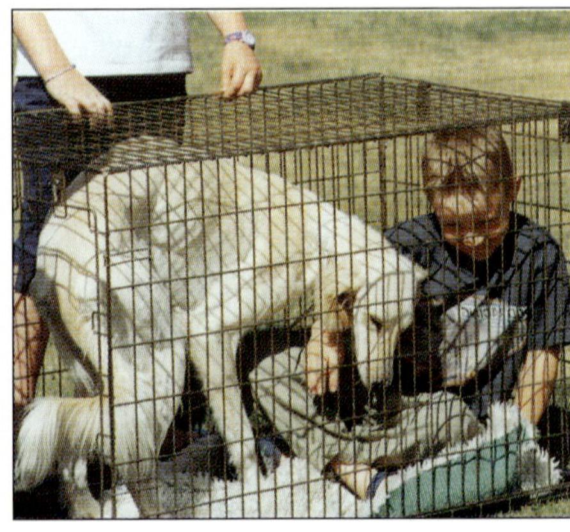

Dieser junge Hundehalter geht sogar zu seinem Saluki in den Käfig, um ihn zum Herauskommen zu überreden!

Bevor jemand auch nur überlegt, einen Saluki zu kaufen, muss er die Rolle des Rudelchefs verstehen und auch bereit sein, diese anzunehmen. Denn in einem Mensch-Hund-Rudel muss immer der Zweibeiner die Führung haben, um den Respekt des Tieres zu bekommen, da macht auch der Saluki keine Ausnahme. Chef „Alpha" zu sein, hat nichts mit Durchsetzung der Macht mit Hilfe von Gewalt zu tun, sondern ist gekennzeichnet von Souveränität, Selbstbewusstsein und Hundeverstand, besonders bei den orientalischen Windhunden. Hunde bevorzugen genau wie Kinder Orientierung und eine Reihe von einheitlichen Regeln, nach denen es zu leben gilt. Nur, wenn Sie wissen, wie Sie mit Ihrem Gefährten kommunizieren können, sind Sie fähig, diese Stellung einzunehmen. Wenn Sie überlegen, einen Saluki oder einen Hund einer ihm verwandten Rasse zu sich zu nehmen, sollten Sie alles über Hundeverhalten und die Rolle des Rudelführers lesen, was Sie finden können. Wenn Sie versuchen, die Hundehaltung ohne dieses Wissen zu beginnen, werden Sie sich nur noch ärgern! Die meisten gewissenhaften Züchter erklären das ausführlich vor dem Kauf des Welpen. Es gibt viele gute Bücher und Texte, die in Buchhandlungen und im Internet für Sie verfügbar sind; versäumen Sie nicht, sich zu informieren! Diese Hunde brauchen einfühlsame Menschen, denen sie vertrauen können.

Besondere Eigenschaften

Salukis werden häufig falsch eingeschätzt. Sie selbst und ihre Haltung gelten nicht selten als schwierig, was nicht stimmt. Im Gegenteil: Leben sie mit verständnisvollen Menschen, die die Persönlichkeit des Hundes respektieren und dort Grenzen setzen, wo es notwendig

Möchten auch Sie länger leben?

Falls Sie sich ehrenamtlich engagieren möchten, wäre es wundervoll, wenn Sie mit Ihrem Hund einmal in der Woche für einige Stunden ein Altersheim besuchen könnten. Ältere Menschen lieben es, wenn ein Hund sie besucht und so könnte Ihr Hund für einsame Menschen eine Art Kamerad werden. Damit machen Sie nicht nur anderen eine Freude, sondern beschäftigen auch Ihren Hund. Und was wir bisher noch nicht erwähnt haben, ist dass soziales Engagement sich auch für Sie selbst lebensverlängernd auswirken kann!

ist, passt sich der Orientale problemlos an sein Umfeld an. Er teilt den Tagesrhythmus seiner Familie und nimmt diesen ganz selbstverständlich an, ist anhänglich ohne unterwürfig zu sein, selbstständig, aber trotzdem loyal. Wie kaum ein anderer Hund vermag der Saluki die Stimmungen seiner Menschen zu spüren und Trost zu geben, wenn dieser traurig ist, oder ausgelassen zu sein, wenn Spaß angesagt ist.
Salukis sind im Haus sehr saubere Hunde. Sie halten sowohl sich als auch ihre Umgebung makellos rein. Die Erziehung zur Stubenreinheit ist bei diesen Hund sehr einfach, da sie ihre Schlafbereiche nicht verschmutzen wollen. Sie sind auch sehr gesunde Hunde mit wenigen, wenn überhaupt vorhanden, auf den geringen Zuchtbestand zurückzuführenden Problemen. Hüftgelenksdysplasie ist kaum bekannt, genauso selten sind Herzfehler und Schilddrüsenprobleme. Der einzige wirkliche Nachteil dieser und der verwandten Rassen sind mögliche Verhaltensprobleme bei falscher Sozialisation. Wenn diese Hunde nicht im frühen Alter sozialisiert werden, können sie sehr ängstlich sein, nach Leuten und auch nach Hunden schnappen und andere Aspekte eines Angstbeißers zeigen. Man muss immer bedenken, dass der Saluki in seiner traditionellen Umgebung als ein Hund erwachsen wird, der für sich sorgt, von einer großen Familie umgeben wird, die sowohl aus Menschen, Hunden und anderen domesti-

Mensch und Hund

Seitdem Hunde über Jahrhunderte reingezüchtet wurden, haben sich Aussehen und Eigenschaften mehr und mehr den jeweiligen Bedürfnissen des Menschen wie Jagd, Apportieren, Fährtensuche, Beschützen und Wärmen, angepasst. Während der letzten 150 Jahre wurden Hunde sowohl nach ihrem Aussehen als auch nach ihren Eigenschaften bewertet. Einige Rassen können dabei mit einer genialen Balance von Aussehen, Leistungsfähigkeit und Wesen aufwarten.

Hauterkrankungen

Ekzeme und Dermatitis treten bei vielen Rassen auf und sind oft schwer zu behandelnde Krankheiten. Häufiges Baden entfernt das Hautfett und kann die Erkrankung noch verschlimmern oder erst auslösen. Auch Allergien gegen Insektenstiche, Futtermittel oder sonstige Substanzen in der Umgebung können solche Hautprobleme auslösen. Lassen Sie sich von Ihrem Tierarzt beraten und ziehen Sie auch eine homöopathische Behandlung Ihres Hundes in Betracht.

zierten Tieren besteht. Wird ein Hund in jungem Alter (bis circa zwölf Wochen) sowohl von Menschen als auch Artgenossen isoliert großgezogen, hat er einen großen Schaden erlitten, der kaum wieder korrigiert werden kann.
Ihren neuen Welpen auszuführen, um Freunde und Nachbarn, Menschen und Hunde zu besuchen, ist die wichtigste Aufgabe, die Sie erfüllen können. Geben Sie ihm die Möglichkeit, viele positive Bekanntschaften mit Menschen, Artgenossen und anderen Tieren zu machen und neue Situationen kennen zu lernen. Es ist eine Freude, diese eleganten, intelligenten und selbstständigen Hunde zu besitzen, doch dafür müssen beide - Sie und der Hund - die richtige Veranlagung haben. Ein Saluki wird Ihr loyaler Begleiter, Ihr loyaler Freund und auch Ihr loyaler „Zimmer-Schmuck" sein, solange Sie das Erbe und die Geschichte dieser alten Rasse respektieren. Ihre Schönheit ist unübertroffen, und sobald Sie sie kennen und verstehen lernen, wird ihre Intelligenz Ihnen den Atem rauben, und Sie werden sich sicher sein: „Einmal ein Saluki – immer ein Saluki!"

Hunde sind gut für Ihr Herz!
Menschen schaffen sich einen Hund normalerweise als Begleiter an, aber Studien zeigen, dass ein Hund auch die Gesundheit und den Aktivitätsgrad seines Besitzers verbessern kann. Auch das Risiko einer Herzerkrankung kann gesenkt werden. Wer Zeit für Bewegung, Pflege und Fütterung seines Hundes aufwendet, wird sich unbewusst auch mehr seiner eigenen Gesundheit widmen. Hundebesitzer haben meist einen geregelteren Tagesablauf, was wiederum positive Auswirkungen auf die Gesundheit des Menschen haben kann.
Hunde lehren uns Geduld und zeigen uns ihre Zuneigung. Sie zeigen uns, wieviel Freude es macht, einen pelzigen Freund als Haustier zu haben!

Agility-Training erlaubt einem Saluki, sowohl sein Gehirn als auch seine Muskeln einzusetzen. Es ist ein Sport, den die Rasse genießt und für den sie gut geeignet ist.

Schönheit und Leistung des Saluki

Windhunde verbinden wie kaum ein anderer Hund Schönheit, Eleganz und Leistungsfähigkeit. Man mag es dem grazilen Saluki nicht ansehen, doch er ist ein Hetzhund durch und durch. Jahrtausendelange Auslese, Anpassung an das zu jagende Wild und die Umgebung haben aus ihm das gemacht, was er heute ist. Schnelles Wild über längere Strecken zu jagen erfordert einen schnellen und ausdauernden Hund. Wäre es seine Aufgabe gewesen, Wild im Busch aufzustöbern, würde er ganz anders aussehen, weil andere Anforderungen an seinen Körper gestellt würden.

Heute rückt immer mehr der kulturelle Wert alter Tierrassen, seien es Haustier- oder Nutztierrassen, ins Bewusstsein der Menschen, und es gibt immer mehr Bemühungen, diese wertvollen Zeitzeugen zu erhalten. Der Deutsche Windhundzucht- und Rennverband (DWZRV) macht es sich seit 1892 zur Aufgabe, die ihm zugehörigen Rassen, derer es immer mehr werden, zu erhalten und zu fördern. Dabei soll die Reinheit einer Rasse gewahrt werden.

In der heutigen Zucht wird, im Gegensatz zu der früheren, meistens rein auf Gebrauch ausgerichteten Zucht, nicht zuerst auf die Leistungsfähigkeit des Tieres geachtet. Es muss zuerst einem festgeschriebenen Standard entsprechen, um zur Zucht zugelassen zu werden. Dazu werden Verhalten, Anatomie und Kondition bewertet. Soll mit einem Saluki gezüchtet werden, muss er erst angekört werden. Dazu muss er mindestens 15 Monate alt sein und auf zwei Zuchtschauen (siehe Kapitel Ausstellen des Saluki) die Note „Sehr gut“ erhalten haben. Zusätzlich werden Zahnbefund und Größe des Tieres in den Hundepass des Saluki eingetragen. Bestehen Zweifel an der Abstammung, kann diese durch einen DNA-Fingerprint geklärt werden.

Der Nachweis, dass ein Saluki entsprechend seiner früheren Aufgabe auch jagen bzw. schnell rennen kann, wird zur Ankörung nicht gefordert. So hat es sich ergeben, dass es Züchter mit dem Schwerpunkt „Schönheit“ und Züchter mit dem Schwerpunkt „Leistung“ gibt, andere versuchen, beiden Merkmalen des Saluki gerecht zu werden.

Kommt ein Saluki aus einer „Schönheitszucht“, will er trotzdem rennen. Seine Schnelligkeit wurde zwar nicht gezielt durch die Auswahl schneller Eltern gefördert, doch der Drang zu hetzen liegt ihm im Blut. Kreuzt ein vorwitziger Hase seinen Weg, können diesem nur schnelle Haken helfen, sein Leben zu retten. Der Hetzinstinkt lässt sich nicht verleugnen! Wollen Sie Ihren Saluki glücklich machen, sollten Sie eine Möglichkeit finden, ihn mindestens einmal am Tag frei laufen zu lassen, am besten mit Artgenossen. Richtig aufdrehen wird er in Gesellschaft anderer Windhunde, mit denen er ohne Missverständnisse seine Hetzspiele ausleben kann. Das ist auch einer der Gründe, warum es selten bei einem Saluki in der Familie bleibt. Es gibt kaum etwas Schöneres, als diese zarten und im Haus so sanften Hunde im Freien voller Kraft, Temperament und ungezügeltem Leben laufen zu sehen.

Eine artgerechte Beschäftigung des Saluki kann ein Hunderennen oder ein Coursing sein. Beide Sportarten werden von den dem DWZRV angeschlossenen Rennvereinen angeboten und können als Hobby betrieben werden. In Deutschland ist der Rennhundsport den Amateuren vorbehalten und das Wetten verboten – und das ist auch gut so! Hier soll der Sport den Tieren dienen und ihren Menschen Freude bereiten. In vielen Städten Deutschlands gibt es Rennvereine, die eine eigene Rennbahn unterhalten und ihren Mitgliedern so die Möglichkeit bieten, ihren Vierbeiner dort artgerecht zu beschäftigen. Ohne Angst davor haben zu müssen, dass der Hund beim Hetzen eines Wildes von einem Auto überfahren oder von einem Jäger erschossen wird, können sich die Tiere dort richtig austoben.

Doch egal, wie schnell ein Hund ist und wie gut er jagen kann – ob er ein Saluki ist, entscheidet der Standard. Anhand dieser Rassebeschreibung definieren die Züchter ihr Zuchtziel und bewerten die Richter die ihnen vorgestellten Tiere. Dabei muss der Standard Schweres leisten, denn es gibt mehr als einen

Überlegungen zur Zucht

Die Entscheidung zu züchten ist etwas, das im Vorfeld genau durchdacht und geplant sein muss. Manche Leute denken, dass die Zucht Geld bringt und die Hündin glücklicher macht. Aber leider verstärkt unüberlegtes Züchten das wachsende Problem einer Überpopulation von Haustieren und hinterlässt ein beachtliches Loch in Ihrem Geldbeutel. Für die Hündin ist das Werfen und die Aufzucht der Welpen nicht einfach und setzt sie ganz schön unter Stress. Letztendlich sollten Sie überlegen, ob Sie in der Lage sind, für einen ganzen Wurf Welpen zu sorgen. Ansonsten sollten Sie nur dann züchten, wenn Sie vorher schon genügend ernsthafte Interessenten für Ihre Welpen gefunden haben.

Saluki-Typ. Nicht allein die große Spanne bei der Größe trägt dem Rechnung, auch sonst muss die Rassebeschreibung es schaffen, den Saluki in seiner Vielfältigkeit zu erhalten und nicht den einen Typ zu bevorzugen.

Das ursprünglich große Verbreitungsgebiet des Saluki hat viele verschiedene Typen hervorgebracht, die alle optimal an die örtlichen Gegebenheiten und die Anforderungen, die an sie gestellt wurden, angepasst waren. Dieses alte Erbe lässt sich trotz der Einheitlichkeit eines Standards nicht verleugnen und bieten jedem Züchter die Möglichkeit zu versuchen, innerhalb der vorgeschriebenen Grenzen seinem Ideal nahe zu kommen und seinen Typ zu verwirklichen. Dieses Zuchtziel ist eine Kombination von Aussehen, Leistungsfähigkeit und Wesen der Tiere - dass sie gesund sein sollen, ist selbstverständlich. Hinzu kommt, die alten Eigenschaften des Saluki zu erhalten und ihn gleichzeitig fit für ein neues Zeitalter zu machen. Denn statt in großen Wüsten muss er nun auf engem Raum, umgeben von Straßen und vielen anderen Gefahren leben. Sein Leben ist nun nicht mehr so frei, wie es ursprünglich einmal war, und dem muss Rechnung getragen werden.

Fehlerhafter Kopf mit zu kurzem Fang, gerundetem Oberkopf und zu viel Stop.

Korrekter Kopf.

Fehlerhafter grober Kopf mit römischer Nase.

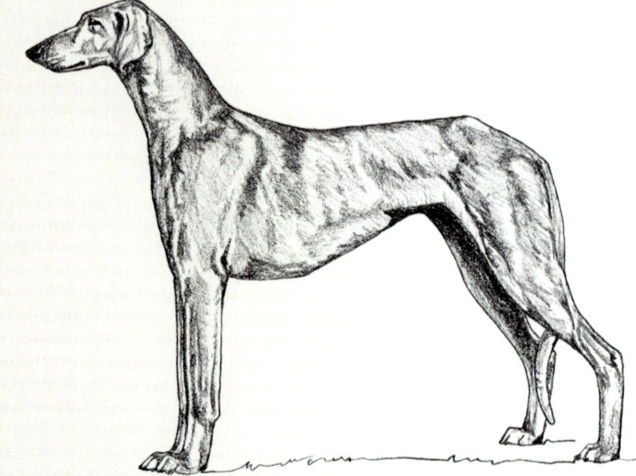

Schulterblatt liegt gut an.

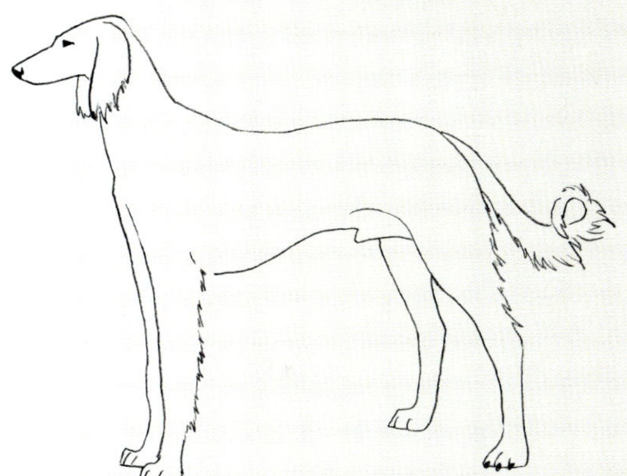

Unerwünschtes Profil mit geraden Schultern, schlechter Oberlinie, abgedrehtem Schwanz, schwach gewinkelter Hinterhand.

Korrektes Profil.

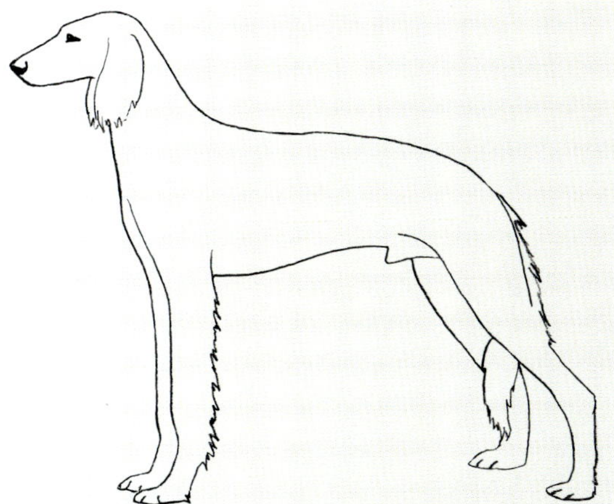

Unerwünschtes Profil mit zu stark abfallender Oberlinie, zu stark gewinkelter Hinterhand, Spreizpfoten und weichen, abfallenden Vordermittelfüßen.

Die verschiedenen Standards sind sich einig darin, dass der Kopf lang, schmal und ohne ausgeprägten Stop sein sollte.

Der Saluki ist eine sehr alte Rasse und wurde seit Tausenden von Jahren als ein leistungsfähiger Hetzhund in seinen Ursprungsländern gezüchtet . Trotzdem gibt es verschiedene Standards auf der Welt, die alle denselben Hund beschreiben, und auch der Standard hier zu Lande wurde schon überarbeitet. Es scheint so, dass das Anpassen des Standards an das gegenwärtige Aufkommen auf Ausstellungen eindeutig ein Rückschlag für jene ist, die versuchen, die Rasse so zu erhalten, wie sie ursprünglich entwickelt wurde. Wir wissen, dass der Hund ein sehr variables Tier ist. Menschen können diese Kreatur ganz nach ihren Wünschen formen, indem sie die Hunde mit den geeigneten Merkmalen zur Zucht verwenden. Neue Rassen erscheinen jedes Jahr, und einige von ihnen werden sogar anerkannt. Weil der Saluki aber eine der ältesten dokumentierten Rassen ist, sollte man sich eher auf seine Geschichte und Leistung als auf die gegenwärtige Fantasie verlassen. Es ist zu hoffen, dass der Saluki seine besonderen Eigenschaften bewahren wird und es trotzdem schafft, in der modernen Gesellschaft seinen Lebensraum zu finden.

Der erste Standard des Saluki in Deutschland im Vergleich zum aktuellen FCI-Standard

Vergleichen Sie anhand des nachfolgenden Textes selbst die Änderungen des aktuellen Standards der FCI gegenüber dem ersten Saluki-Standard in Deutschland. Ist zu einzelnen Punkten nur der aktuelle FCI-Standard abgedruckt, so enthielt der erste deutsche Standard hierzu keine Aussage.

Allgemeines Erscheinungsbild

Erster Standard in Deutschland

Eleganter Hund von grazilen Formen, in Größe etwa dem Greyhound entsprechend. Im Allgemeinen macht der Persische Windhund einen sehr ruhigen, man kann sagen, melancholischen Eindruck, der aber sofort verschwindet, wenn dem Hund Gelegenheit zu ungebundenem Rennen oder gar zur Wildhetze geboten wird.

Aktueller FCI-Standard

Die ganze Erscheinung dieser Rasse soll einen Eindruck von Anmut und Eben-

maß, großer Schnelligkeit und Ausdauer, verbunden mit Kraft und Gewandtheit vermitteln.
Kurzhaarvarietät: in allen Merkmalen gleich, nur ohne Befederung.

Wichtige Proportionen

Aktueller FCI-Standard
Die Rumpflänge (vom Buggelenk bis zum Sitzbeinhöcker) ist annähernd gleich der Widerristhöhe, obwohl der Hund oft den Eindruck vermittelt, länger zu sein als er ist.

Verhalten und Charakter (Wesen)

Aktueller FCI-Standard
Fremden gegenüber reserviert, jedoch nicht scheu oder aggressiv. Würdevoll, intelligent und unabhängig.

Kopf

Erster Standard in Deutschland
Lang, fein und trocken.

Aktueller FCI-Standard
Kopf lang and schmal, insgesamt viel Adel zeigend.

Oberkopf

Erster Standard in Deutschland
Oberkopf relativ breit und leicht gewölbt. Stirnabsatz markiert.

Aktueller FCI-Standard
Schädel: Mäßig breit zwischen den Ohren, nicht gewölbt.
Stop: Nicht betont.

Gesichtsschädel

Erster Standard in Deutschland
Fang relativ spitz. Gebiss stark und korrekt. Auge groß, stets dunkel, Gazellen-Auge. Behänge groß und lang, seitlich am Oberkopf breit angesetzt und herabhängend.

Aktueller FCI-Standard
Nase: Nasenschwamm schwarz oder leberfarben.
Kiefer/Gebiss : Starke Zähne und kräftige Kiefer mit einem perfekten, regelmäßigen und vollständigen Scherengebiss.
Augen: Dunkel bis haselnussbraun, leuchtend, groß und oval, nicht hervortretend. Der Ausdruck ist würdevoll und sanft mit treuen, in die Ferne blikkenden Augen.
Ohren: Lang und mit langen, seidigen Haaren bedeckt, hoch angesetzt, beweglich, dicht am Schädel getragen.

Jahre hindurch hat sich der Standard für Behänge ausgesprochen, die lang und mit seidigen Haaren befedert sein sollen.

Die typische Saluki-Vorderhand zeigt gerade Läufe, einen tiefen und schmalen, aber geräumigen Brustkorb.

Hals

Erster Standard in Deutschland
Schlank und graziös, elegant aufgesetzt.

Aktueller FCI-Standard
Lang, biegsam und gut bemuskelt.

Körper

Erster Standard in Deutschland
Rumpf: Geräumiger, aber nicht zu breiter Brustkorb mit möglichst großem, senkrechtem Durchmesser, Rippenwände flach. Rücken gerade, kräftig bemuskelt, niemals Rad- oder Karpfenrücken. Lendenpartie mäßig aufgezogen.

Aktueller FCI-Standard
Rücken: Ziemlich breit.
Lenden: Leicht gewölbt und gut bemuskelt.
Kruppe: Weit auseinanderstehende Hüftbeinhöcker.
Brustkorb: Tief, lang und mäßig schmal, weder tonnenförmig noch flachrippig.
Unterlinie: Gut aufgezogen.

Rute

Erster Standard in Deutschland
Lang, bis mindestens zum Sprunggelenk reichend, mäßig aufgebogen getragen. Verpönt sind Ringelrute und über den Rücken gerollte Rute.

Aktueller FCI-Standard
Lang, tief angesetzt, in einem natürlichen Bogen getragen, an der Unterseite mit langen seidigen Haaren befedert, nicht buschig. Bei erwachsenen Hunden nicht höher als die Rückenlinie getragen, außer beim Spiel. Die Spitze der Rute sollte mindestens bis zum Sprunggelenk reichen.

Gliedmaßen

Erster Standard in Deutschland
Die Hinterhand ist relativ nicht so weit ausladend wie etwa beim englischen Windhund.
Läufe: Lang, gerade, sehr trocken, dabei mit kräftigen, gut gewölbten Zehen, Ballen relativ flach.

Aktueller FCI-Standard
Vorderhand
Schultern: Gut zurückliegend, gut

bemuskelt, jedoch nicht grob.
Oberarm: Bei nahezu gleicher Länge wie das Schulterblatt bildet der Oberarm mit diesem einen guten Winkel.
Unterarm: Lang und gerade vom Ellbogen bis zum Vorderfußwurzelgelenk.
Vordermittelfuß: Kräftig und elastisch, von der Seite betrachtet wenig schräg gestellt.
Vorderpfoten: Von angemessener Länge, Zehen lang und gut gewölbt, nicht gespreizt, aber auch nicht wie Katzenpfoten; insgesamt kräftig und geschmeidig, zwischen den Zehen befedert.

Hinterhand
Kräftig, lässt Galoppier- und Sprungvermögen erkennen.
Ober- und Unterschenkel: Gut entwikkelt.
Kniegelenk: Mäßig gewinkelt.
Sprunggelenk: Gut tiefgestellt.
Hinterpfoten: Annähernd gleich den Vorderpfoten.

Gangwerk

Aktueller FCI-Standard
Müheloser, flüssiger und geschmeidiger Trab. Leichtfüßig vom Boden abhebend, mit gutem Vortritt und entsprechendem Schub, weder steppend noch schwerfällig.

Haarkleid

Erster Standard in Deutschland
Haar: Kurz, dicht und fein, im Allgemeinen dem Körper dicht anliegend. Ausnahme hiervon macht das Haar an den Behängen, den Hinterflächen der Vorderläufe, den Hinterflächen der Keulen und der Unterseite der Rute. Hier findet sich seidiges Langhaar, also sogenannte Fahne.
Farbe: Entweder einfarbig schwarz, weiß, gelb oder sandfarben. In Verbindung mit vorgenannten Farben kommen oft gelbe, graubraune oder auch weiße Abzeichen oder Platten vor.

Aktueller FCI-Standard
Haar: Glatt und von weicher, seidiger Struktur. Befederung an den Läufen und an den Rückseiten von Ober- und Unterschenkel, Befederung an der Kehle von erwachsenen Hunden kann vorkommen, im Welpenalter besteht manchmal eine leichte, mehr wollige Befederung an Oberschenkeln und Schultern.
Die Kurzhaarvarietät: ohne jegliche Befederung.
Farben: Alle Farben oder Farbkombinationen sind zulässig. Brindle ist unerwünscht.

Größe

Erster Standard in Deutschland
50 bis 70 Zentimeter Schulterhöhe.

Aktueller FCI-Standard
Widerristhöhe: Durchschnittlich zwischen 58–71 cm (23–28 inches), Hündinnen proportional kleiner.

Fehler

Aktueller FCI-Standard
Jede Abweichung von den vorgenannten Punkten muss als Fehler angesehen werden, dessen Bewertung im genau-

en Verhältnis zum Grad der Abweichung stehen sollte.

N.B.: Rüden müssen zwei offensichtlich normal entwickelte Hoden aufweisen, die sich vollständig im Hodensack befinden.

Windhundsport

Der DWZRV bietet seinen Mitgliedern durch die Vielzahl der ihm angeschlossenen Rennvereine die Möglichkeit, an Rennen und an Coursings teilzunehmen und den Vierbeiner artgerecht zu bewegen und zu beschäftigen. Wenn Sie Ihrem Saluki diese Möglichkeiten bieten wollen, müssen Sie ihn früh an die Atmosphäre auf Renn- und Coursingplätzen gewöhnen, damit er sich dort später wohl fühlt. Es ist auch wichtig, dem Hund Grundgehorsam beizubringen, damit er sich zumindest zurückrufen lässt. Dass er geimpft sein muss, wenn er mit Artgenossen zusammenkommt, ist selbstverständlich. Auf spielerische Weise sollte er an den Maulkorb gewöhnt werden, ohne den an eine Renn- oder Coursing-Karriere nicht zu denken ist.

Hunde im Wachstum brauchen abwechslungsreiche Bewegung, und das Spiel mit Artgenossen ist da am besten geeignet. Ganz falsch wäre es, den jungen Saluki durch einseitige Beanspruchung zu überfordern, schlimmstenfalls können durch frühzeitiges und falsches Training dauerhafte Schäden entstehen. Gönnen Sie dem kleinen Saluki seine Kindheit und seine Jugend, er braucht sie ganz dringend! Deswegen muss der Hund auch körperlich in einem Top-Zustand sein und vom Tierarzt gründlich untersucht werden, bevor er mit dem Training beginnen kann. Pauschal lässt sich nicht bestimmen, wann dazu der richtige Zeitpunkt gekommen ist. Sind Sie sich bei der Entscheidung nicht sicher, sollten Sie auf das Urteil des Tierarztes vertrauen.

Viele Faktoren spielen für einen erfolgreichen Renn- oder Coursinghund eine Rolle, angefangen von der Ernährung über das Training bis zum Temperament und Wesen des Tieres. Ist es das erste Mal, dass Sie mit einem Windhund ein Renntraining beginnen wollen, sollten Sie sich Rat und Beistand bei den Mitgliedern des nächstgelegenen Rennvereins holen. Diese werden Sie sicher gerne beraten und Ihnen helfen, den Hund optimal vorzubereiten. Erweist sich Ihr Saluki nicht als das Renntalent, das Sie erhofft hatten, können Sie trotzdem weiter mit ihm trainieren. Es sollte nicht Ihr einziges Ziel sein, möglichst viele Siege zu erringen, was zwar ein schöner Nebeneffekt ist, vielmehr sollte es Ihnen darum gehen, den Hund rassegerecht zu bewegen und Freude daran zu haben.

Gibt es in Ihrer Nähe einen Rennverein, sollten Sie unbedingt Kontakt dorthin aufnehmen, um andere Windhundbesitzer kennen zu lernen und Ihrem Hund die Möglichkeit geben, dort zu trainieren. Sie werden staunen, was alles in Ihrem Vierbeiner steckt, wenn Sie ihn einmal in voller Aktion sehen. Schnell, leidenschaftlich und voller Eleganz wird er seine Beute verfolgen, und dabei macht es nach einiger Gewöhnung keinen Unterschied mehr für ihn, dass es sich nur um eine Attrappe han-

Der Gang des Saluki sollte flüssig, raumgreifend und mühelos scheinen, mit Schub und Elan.

delt. Auf dem Platz selbst sollte er allerdings immer angeleint sein, damit er die laufenden Hunde nicht stört und es zu keinen Beißereien kommt. Der Rennplatz oder der Coursing-Parcours muss immer für etwas Positives stehen, unangenehme Erlebnisse sollten nach Möglichkeit vermieden werden. Ganz nebenbei ergeben sich häufig aus zufälligen Rennplatz-Bekanntschaften dauerhafte Freundschaften zwischen Hundebesitzern. Und bei „Fachsimpeleien" mit den anderen Rennplatz-Besuchern erfahren Sie viel Nützliches und Interessantes rund um den Hund.

Die Lizenz

Bevor Ihr Hund an einem Rennen oder einem Coursing teilnehmen darf, muss er eine entsprechende Lizenz haben. Um diese zu erhalten, müssen Sie als Hundebesitzer in Deutschland wohnen und Mitglied im DWZRV sein. Außerdem muss der Hund einen Hundpass besitzen. Darin werden alle wichtigen Daten, die Rennen, Coursings und Ausstellungen des Tieres betreffen, eingetragen. Der Hund muss sechs Läufe (je zwei Läufe an drei Tagen) unter bestimmten Bedingungen absolvieren, um nachzuweisen, dass er einwandfrei läuft und sich mit seinen Mitläufern verträgt.

Ein schön gezeichneter junger Saluki, der seine Begeisterung für Rassenstandards deutlich macht!

Das Hunderennen

Beim Windhundrennen starten die Tiere nach Rassen getrennt. Eine Trennung nach Geschlechtern findet ab einer festgelegten Teilnehmerzahl statt. Die Rennbahn, die für den Hund keine Gefährdung, zum Beispiel durch Löcher oder Glasscherben, aufweisen darf, ist 200 bis 900 Meter lang. Gestartet wird aus Boxen, so haben alle Hunde die gleichen Chancen.

Es ist selbstverständlich, dass keine echten Tiere als Beute eingesetzt werden. Vielmehr wird ein helles, circa 40 Zentimeter langes Hasenfell oder ein hasenfellähnlicher Ersatz als Lockmittel eingesetzt, der gegebenenfalls auch aus Stoff oder Plastik bestehen kann. Damit die Hunde nicht zu früh in den „Rennbetrieb“ gehen, müssen Sie bei ihrer ersten Teilnahme mindestens 18 Monate alt sein. Das Ende ist mit der Saison erreicht, in der der Hund sein achtes Lebensjahr vollendet. Um sicherzustellen, dass keine kranken Hunde am Rennen teilnehmen, muss ein Tierarzt jeden Hund vor dem Rennen untersuchen und freigeben, und um Beißereien zu verhindern, müssen Maulkörbe getragen werden. Zur Unterscheidung der Tiere beim Rennen sind Renndecken mit unterschiedlichen Farben und Nummern vorgeschrieben. Versucht ein Hund, die anderen Teilnehmer durch Rempeleien vom anständigen Rennen abzuhalten, wird er disqualifiziert. Natürlich ist es auch verboten für die Hunde, die Renndistanz durch „Abkürzungen“ quer über die Bahn zu verringern. Doping ist ebenfalls verboten: Kontrollen können ohne Ankündigung durchgeführt werden. Den Lauf gewonnen hat der Hund, der als erster seine Nasenspitze über der Ziellinie hat. Der Saluki, der das oft für sich verbuchen kann, kann Titel wie „VDH-Bundesrennsieger“, „Internationaler Derbysieger“ und „Champion für Schönheit und Leistung“ erlaufen.

Das Coursing

Beim Coursing bietet sich dem Saluki die Möglichkeit, seiner Hetzleidenschaft unter möglichst naturnahen Bedingungen nachzukommen, ohne dass für ihn die Gefahren der modernen Umgebung bestehen und andere Tiere Schaden nehmen.

Auch hier beträgt das Mindestalter für Salukis 18 Monate, die Coursing-Saison, in der der Hund acht Jahre alt wird, ist seine letzte, an der er an Wettbewerben teilnehmen darf. Ein Tierarzt untersucht die Hunde vor dem Lauf. Bei allen Entscheidungen, die die Teilnahme des Hundes betreffen, sollen seine Gesundheit und sein Wohl im Vordergrund stehen, deswegen wird auch mit Maulkorb gelaufen.

Gelaufen wird beim Coursing paarweise nach Rassen getrennt. Über mehrere Windungen wird eine Hasenattrappe (die auf jeden Fall zumindest teilweise echtes Fell haben soll) gezogen, die der Hund entschlossen verfolgen und später packen muss. Hat das Gelände keine natürlichen Hindernisse, sollen diese durch künstliche, zum Beispiel Heuballen, ersetzt werden. Der Ausrichter hat dafür zu sorgen, dass

Verantwortungsvolle Zucht

Falls Sie mit Ihrer Hündin züchten wollen, sollten Sie bestens mit dem Rassestandard vertraut sein. Ein verantwortungsvoller Züchter züchtet mit dem Ziel, Hunde hervorzubringen, die dem Rassestandard möglichst nahe kommen. Schauen Sie sich den Standard genau an – hinsichtlich der äußerlichen und auch der Wesensmerkmale. Vergewissern Sie sich, ob Ihre Hündin und der Deckrüde diese Vorgaben erfüllen und ob sich ihre Merkmale zum Besten ergänzen.

das Gelände frei von Gefahren, wie zum Beispiel Glasscherben und Blechdosen ist. Anders als beim Rennen ist beim Coursing nicht nur die Geschwindigkeit maßgebend. Bewertungsrichter beurteilen viele Eigenschaften, die der Hund auf dem 650 bis 1000 Meter langen Parcours zeigt. Punkte werden vergeben für die Hetzlust, mit der der Saluki seiner Beute folgt und seine Geschicklichkeit, die auch sein vorausschauendes Laufen einbezieht. So wird zum Beispiel wird geprüft, ob der Hund seiner Beute den Weg abschneidet. Ist der Hund schneller als sein Konkurrent? Wie verhält er sich in der Fangzone? Will er seine Beute entschieden pakken? Alle diese Fragen fließen in die Punktvergabe ein. Versucht der Saluki, seinen Coursingpartner anzugreifen oder ihn durch dauernde Rempelei am Laufen zu hindern, folgt die Disqualifikation. Doping als Mittel zum Sieg ist natürlich verboten, und auch hier müssen Kontrollen nicht angekündigt werden. Ein Saluki, der erfolgreich auf Coursings ist, kann zum Beispiel solche ehrenvollen Titel wie „Coursingchampion DWZRV“ und „Deutscher Coursingsieger“ erhalten.

Alternative Sportmöglichkeiten

Haben Sie in Ihrer Nähe nicht die Möglichkeit, einen Rennplatz zu besuchen, gibt es auch noch andere Alternativen, Ihren Saluki zu beschäftigen. Vielleicht haben Sie ja ein geeignetes Gelände, um den Hund frei laufen zu lassen, Kontakt zu einem Verein, wo Sie mit ihm Agility oder einen anderen Mensch-Hund-Sport ausüben können. Auf jedem Fall sollten Sie Ihrem Vierbeiner ermöglichen, Kontakt zu Artgenossen zu halten, denn das gemeinsame Spiel ist eine tolle Beschäftigung für ihn.

Salukiwelpen, die zwei der zahlreichen Farbschläge zeigen.

Ihr Saluki als Welpe

Wo anfangen?

Wenn Sie davon überzeugt sind, dass ein Saluki der ideale Hund für Sie ist, stellt sich die Frage, wo Sie Ihren Welpen finden und worauf beim Kauf zu achten ist. Salukis sind in Deutschland nicht sehr verbreitet. So kann es eine Weile dauern, bis Sie einen Züchter finden, der gerade einen Wurf abzugeben hat. Sie sollten sich dennoch nur auf solche Züchter konzentrieren, die einen guten Ruf genießen. Er muss ein echter Liebhaber der Rasse sein. Ein angehender Hundebesitzer kann gar nicht genug Fragen stellen. Ein guter, verantwortungsbewusster Züchter wird das zu schätzen wissen und gerne Rede und Antwort stehen. Er wird Sie so beraten, dass Sie sich letzten Endes mit Ihrer Entscheidung für oder gegen einen Saluki wohlfühlen werden. Ein solcher Züchter wird Ihnen einen seiner Welpen zu einem angemessenen Preis verkaufen, wenn er Sie als einen geeigneten Halter erachtet. Er wird Ihnen auch nach dem Kauf jederzeit mit seiner Erfahrung und seinem Wissen zur Verfügung stehen und seinen Hund in jedem Fall zurücknehmen, wenn sich herausstellt, dass dies doch nicht die richtige Rasse für Sie ist. Der Ruf des Züchters ist immer wichtiger als seine örtliche Nähe.

Haben Sie immer ein paar interessante und sichere Spielsachen für Ihren Saluki im Haus!

Wussten Sie schon?

Sie sollten noch nicht einmal darüber nachdenken, einen krank aussehenden, überaus ängstlichen oder nervösen Welpen zu kaufen. Die Welpen sollten spätestens nach einer halben Stunde mit Ihnen warm geworden sein.

Lassen Sie sich bei Ihrer Suche nicht von Züchtern beeindrucken, die aufwendige Annoncen aufgeben, in denen sie mit ihren Champions und Siegertiteln prahlen. Die wirklich guten Züchter veranstalten nur wenig Wirbel um ihre Hunde und halten sich eher im Hintergrund. Sie finden sie auf Ausstellungen, Wettbewerbsveranstaltungen und durch Mundpropaganda zufriedener Käufer. Achten Sie bei einem unerfahrenen Züchter besonders auf die Gesundheit der Welpen. Ein Erstzüchter muss nicht die schlechteren Hunde haben, aber seine Unerfahrenheit und seine fehlende Reputation erfordern Ihre erhöhte Aufmerksamkeit. Kaufen Sie Ihren Welpen keinesfalls bei einem Züchter, der Ihnen seine Hunde aufschwatzen will und den Eindruck macht, er bekäme seine Welpen nicht los. Werden Sie auch misstrauisch, wenn der Züchter gar nichts über Sie wissen will. Vielleicht ist er nur daran interessiert, seine Welpen so schnell und lukrativ wie möglich zu verkaufen.

Während die Sorge um gesundheitliche Probleme bei einem Saluki im Vergleich mit anderen Rassen unwesentlich ist, stellt die größte Sorge für den Züchter die Frage der Sozialisierung dar. Obwohl die Persönlichkeit innerhalb der Rasse

Die Fellpflege ist nur eine der Verpflichtungen, die Sie für den Rest Ihres gemeinsamen Lebens auf sich nehmen, wenn Sie einen Saluki kaufen.

Wussten Sie schon?

Vor allem der Welpe leidet, wenn er von jemandem erworben wurde, der ihm nicht die nötige Zeit und Zuwendung schenkt. Diese vernachlässigten Welpen werden oftmals von ihren frustrierten Besitzern in ein Tierheim abgeschoben. Alle Überlegungen, die Sie vor der Anschaffung des Welpen anstellen, dienen dem Wohl des Hundes genauso wie Ihrem eigenen. Je umfassender Sie sich informiert haben, desto klarer ist Ihnen, was auf Sie zukommt. Sie werden besser mit den Höhen und Tiefen der Welpenaufzucht umgehen können. Alle Mitglieder Ihres Haushalts müssen bereit sein, ihren Teil bei der Pflege und der Erziehung des Hundes zu übernehmen. Die erste Begeisterung führt oft zu großen Versprechungen („Ich werde jeden Tag mit ihm spazierengehen!“ – „Ich werde ihn füttern!“ – „Ich werde ihn stubenrein bekommen!“). Dies wird jedoch schnell vergessen, wenn der Reiz des Neuen vergangen ist und man merkt, dass diese Dinge Zeit und Mühe erfordern.

Der Eindruck des Welpen

Ihr Welpe sollte einen gut genährten Eindruck machen. Sein Bauch darf nicht aufgebläht sein, denn dies kann auf einen Wurmbefall und eine falsche Ernährung hinweisen. Die Haut des Abdomens sollte blass rosafarben und sauber sein. Sie darf keine Anzeichen eines Hautausschlags oder sonstige Veränderungen zeigen. Eventuell bei der Geburt vorhandene Wolfskrallen an den Hinterläufen sollten vom Tierarzt entfernt worden sein.

eher gleichmäßig ist, kann das Temperament von einer Zuchtlinie zur anderen variieren, und die richtige Sozialisierung eines Welpen ist der erste und beste Weg, um ein stabiles Wesen zu entwickeln.

Sie sehen, die Wahl des Züchters ist ein entscheidender Punkt auf Ihrem Weg zu einem gesunden und wesensfesten Saluki. Glücklicherweise sind die meisten Saluki-Züchter verantwortungsbewusste Menschen, denen das Wohl der Rasse sehr am Herzen liegt. Der zuständige Rasseklub ist gerne bereit, Ihnen bei der Suche mit Empfehlungen, Adressen und Telefonnummern behilflich zu sein. Dort wird man auch anregen, dass Sie Ausstellungen oder Wettkämpfe besuchen, wo Sie den Saluki in Aktion sehen und mit Haltern und Züchtern reden können. So können Sie sich einen Eindruck darüber verschaffen, wie der Saluki in Wirklichkeit und nicht nur auf Fotos aussieht. Vorausgesetzt, Sie sprechen die Aussteller und Züchter an: Wenn sie nicht gerade mit der Vorbereitung ihrer Hunde beschäftigt sind, sind sie jederzeit bereit, Ihre Fragen zu beantworten und Ratschläge zu erteilen.

Nachdem Sie mit einigen Züchtern Kontakt aufgenommen haben, ist es an der Zeit, sich deren Würfe anzuschauen. Denken Sie dabei daran, dass viele gute Züchter Wartelisten haben und es manchmal zu Wartezeiten kommen kann, bevor Sie den gewünschten Welpen erwerben können. Wenn Sie von einem Züchter hundertprozentig überzeugt sind, sollten Sie lieber warten, anstatt zu einem Züchter zu wechseln, der Ihnen nicht in jeder Hinsicht zusagt. Vielleicht haben Sie auch Glück und finden sofort einen Züchter, der einen Wurf hat oder erwartet. Manchmal haben Züchter auch Junghunde und ältere Tiere abzugeben. Das muss kein Nachteil sein, denn bei diesen Salukis können Sie das Wesen und auch das Temperament besser einschätzen und wissen so, was Sie erwartet.

Wenn Sie Ihren Saluki als Familienhund halten wollen und weniger daran interessiert sind, Ihren Hund auszustellen oder an Wettbewerben teilnehmen zu lassen, sollten Sie einen freundlichen und attraktiven Welpen auswählen. Spielen Sie mit den Gedanken an Ausstellungen oder Rennen, sollten Sie schon etwas genauer auf Titel der Elternhunde achten, aber dennoch das Wesen nicht in den Hintergrund stellen. Salukis haben in der Regel recht große Würfe mit durchschnittlich sechs bis acht Welpen. So haben Sie auch innerhalb eines Wurfes eine große Auswahl. Das Temperament der Hunde kann ohne die richtige Sozialisation in einzelnen Zuchtlinien ein Problem darstellen. Halten Sie sich von besonders scheuen oder aggressiven Welpen fern, und seien Sie bei nervösen Welpen besonders vorsichtig. Lassen Sie sich nicht durch unangebrachte Sentimentalität oder Emotionalität dazu verleiten, die schlechteste Wahl zu treffen.

Das Geschlecht Ihres Welpen ist eine Frage des persönlichen Geschmacks, besonders dann, wenn Sie sich nicht mit Zuchtgedanken tragen. Der Größenunterschied ist geringfügig, Rüden sind in der Regel etwas größer. Hündinnen sollen etwas schneller lernen, dafür scheinen Rüden das einmal Beigebrachte länger zu behalten. Die Farbe ist ebenfalls eine reine Geschmacksfrage und hat keinerlei Auswirkung auf die Gesundheit, das Temperament oder die Leistungsfähigkeit der Hunde. Die Farben des Saluki sind sind so vielfältig, dass selbst erfahrene Züchter und Richter ihre Probleme bei der korrekten Benennung haben können – selbst wenn Sie direkt vor dem Hund stehen. Besonders schwierig erscheint die Abgrenzung der verschiedenen Rot- und Gelbtöne voneinander zu sein, ebenso die verschiedenen gestromten Farbvarianten. Für die spätere Zuchtzulassung hat dies aber keine Folgen, denn der Standard schreibt ausdrücklich, dass alle Farben und Farbkombinationen zulässig sind, nur Brindle (gestromt) ist hiernach unerwünscht. Glücklicherweise gehört der Saluki nicht zu den Modehundrassen weswegen auch kommerziell orientierte Hundevermehrer kein Interesse an einer Zucht dieser Hunde haben. Somit können Sie sich sehr sicher sein, dass Ihr Saluki aus einer wirk-

Die Auswahl eines Welpen

Vor dem Kauf Ihres Welpen sollten Sie sich darüber im Klaren sein, ob Sie einen Ausstellungshund oder „nur" einen Familienhund haben möchten. Eine „Champion-Garantie" kann Ihnen kein Züchter geben, aber seine Erfahrung lässt zumindest eine Prognose zu. Auf jeden Fall sollte der Welpe ein gutes Wesen zeigen! Was nützt der schönste Hund, wenn er nicht das rassetypische Verhalten zeigt, weil der Züchter nur auf das Aussehen seiner Hunde achtet?

Die Farbe Ihres Saluki – diese Rasse bietet eine große Auswahl – ist eine Frage des persönlichen Geschmacks. Wichtiger ist es, einen gesunden und wesensfesten Hund zu erwerben.

Wussten Sie schon?

Nach den strengen Zuchtbestimmungen des Verbandes für das Deutsche Hundewesen e.V. (VDH) ist es den Züchtern nicht erlaubt, einen Welpen vor dem Alter von acht Wochen abzugeben. Bis dahin braucht er unbedingt den Kontakt zu seiner Mutter und den Wurfgeschwistern. Erst in der achten Lebenswoche erhält der Welpe seine erste Schutzimpfung. Ist Ihr Welpe beim Kauf schon älter, ist er vielleicht schon stubenrein und hoffentlich gut sozialisiert.

lichen Liebhaber-Zucht kommt und Probleme wie Inzucht, Überzüchtungen und viele andere Probleme der Rassehundezucht beim Saluki keine Rolle spielen.
Der Preis Ihres Saluki hängt unter anderem davon ab, welche Titel die Elternhunde erworben haben, welche Qualitäten bereits der Welpe zeigt, ob zuchtausschließende Fehler vorliegen oder auch welchen Ruf der Züchter hat. Letztendlich ist der Preis aber eine Absprache zwischen Ihnen und dem Züchter. Der Preis sollte aber immer nur eine untergeordnete Rolle bei der Auswahl spielen. Wichtiger ist, dass der Saluki in ein geeignetes Zuhause kommt, wo er die notwendige Pflege und Fürsorge erhält.

Wichtige Dokumente

Zwei wichtige Dokumente, die Sie beim Kauf vom Züchter bekommen, sind die Ahnentafel und der Impfpass. Aus dem Impfpass geht hervor, ob und wann die vom VDH vorgeschriebenen Grundimmunisierungen gegen die wichtigsten Infektionskrankheiten erfolgt sind. Der Züchter wird Ihnen sagen, wann Sie den Hund zur Nachimpfung beim Tierarzt vorstellen müssen.
Die Ahnentafel ist der Nachweis der Abstammung und belegt, dass der Hund unter einer bestimmten Nummer in das Zuchtbuch des nationalen VDH-Rasse-Zuchtvereins eingetragen ist. Sie gibt Auskunft über Ausstellungs- und gegebenenfalls Prüfungserfolge seiner Vorfahren und unter Umständen über Untersuchungen auf mögliche Erbkrankheiten. Achten Sie sorgfältig darauf, dass es sich um einen in einem VDH- beziehungsweise FCI-anerkannten Verein gezüchteten Welpen handelt – auch das muss auf der Ahnentafel vermerkt sein.
Es ist zudem ratsam, einen schriftlichen Kaufvertrag aufzusetzen.

Bekommen sie eine einfühlsame Erziehung, genügend Zuwendung und Auslauf, fühlen Salukis sich auch in einer kleineren Wohnung wohl.
Gewöhnlich erlauben Züchter ihren Kunden, einen Wurf im Alter von fünf oder sechs Wochen das erstemal in Augenschein zu nehmen. Verkauft werden sie erst ab einem Alter von acht bis zehn Wochen. Züchter, die ihre Welpen vor dieser Altersgrenze abgeben, sind mehr an Ihrem Geld als am Wohlergehen der Welpen interessiert. Innerhalb der dem VDH angeschlossenen Rassevereine wird Ihnen kein Züchter begegnen, der seine Welpen vor dieser Zeit abgibt. Ein Welpe muss die Gesetze im Rudel – was erlaubt ist und was nicht – von seiner Mutter erlernen. Das dauert gewöhnlich acht Wochen. Währenddessen verbringt der Züchter möglichst viel Zeit mit den Welpen, damit sie sich an den Umgang mit Menschen gewöhnen. Das Band zwischen Menschen und Hunden ist zwar schon Jahrtausende alt, muss aber dennoch immer neu geknüpft werden. Ein richtig sozialisierter Saluki-Welpe aus guter Zucht will nichts weiter als bei Ihnen sein und Sie erfreuen, auch wenn es manchmal so scheinen mag, als hätte er kein Interesse an Ihnen und Ihrer Familie. Salukis sind wie viele Windhundrassen sehr unabhängige Hunde, dennoch sind sie sehr anhänglich. Trotz ihres starken Willens nach Unabhängigkeit wären sie ohne Sie und Ihre Hilfe verloren. Positive Verstärkung und Einfühlungsvermögen sind die Schlüssel zum Erfolg bei der Erziehung Ihres Saluki.

Sind Sie ein geeigneter Hundehalter?

Wenn der Züchter Ihnen eine Menge persönliche Fragen stellt, so geschieht dies aus der Besorgnis heraus, mit Ihnen auch die richtige Wahl für seinen Welpen getroffen zu haben.

Versicherungen

Eine Haftpflichtversicherung ist auch für einen kleinen Hund dringend anzuraten. Für alle Schäden, die Ihr Hund verursacht, haften Sie! Züchter mit mehreren Hunden können eine Zwingerhaftpflichtversicherung abschließen. Bitte beachten: Ein Hund ist nicht automatisch in der Privathaftpflicht- oder Hausratversicherung mitversichert!
Eine Hunde-Krankenversicherung kann Ihnen viel Geld sparen helfen. Vergleichen Sie die Leistungen der einzelnen Gesellschaften, einige erstatten sogar anteilmäßig die jährlichen Impfkosten.

Lassen Sie sich mit dem Welpenkauf Zeit

Um einen gesunden Welpen zu erwerben, ist es sehr wichtig für Sie, einen anerkannten Züchter zu finden, bei dem Sie sich wirklich wohlfühlen. Ihr Züchter steht Ihnen auch nach dem Kauf noch für alle Fragen zur Verfügung und ist bei allen Problemen an Ihrer Seite, ohne dass Sie sich als Belastung fühlen müssten. Wenn Sie mit einem Züchter keine persönliche Basis finden, schauen Sie sich lieber noch nach einigen anderen um, bevor Sie Ihren Welpen kaufen.

Bei der Auswahl des Welpen überprüfen Sie in jedem Fall auch die Gebissstellung. Er darf weder einen Vor- noch einen Rückbiss aufweisen, was bei einem jungen Welpen nicht einfach zu erkennen, für Zucht- und Ausstellungszwecke aber von entscheidender Bedeutung ist. Eine fehlerhafte Gebissstellung ist selten beim Saluki. Die meisten Probleme beim Welpen wachsen sich aus. Der Unterkiefer ist der letzte Knochen des Körpers, der sein Wachstum beendet, so können Sie davon ausgehen, dass sich ein ein leichter Rückbiss immer noch normalisiert, ein Vorbiss allerdings Anlass zur Sorge geben muss. Spätestens im Alter von zwei Jahren ist der Hund so ausgewachsen, dass auch die Stellung seines Kiefers als endgültig angesehen werden muss.

Die Verantwortung des Hundehalters

Sie haben auf Ihrem Weg zum Hundebesitzer schon einige wichtige Entscheidungen getroffen. Der Saluki ist die Rasse Ihrer Wahl. Er passt aufgrund seiner Persönlichkeit am besten zu Ihnen und Ihrer Familie. Sie haben Kontakte zu Züchtern aufgenommen und sich vielleicht schon für einen entschieden. Wenn Sie einen Wurf in Aktion beobachtet haben, wissen Sie bereits einiges über die Dynamik der Welpen und ihres „Rudels“ und können sich so ein Bild über die individuelle Persönlichkeit der einzelnen Welpen machen. Sie werden erkennen, welche Welpen zukünftige Rudelführer sein werden, welche weniger zugänglich, welche selbstsicher oder scheu, verspielt, freundlich oder aggres-

Bei der Auswahl Ihres Saluki sollten alle Familienmitglieder beteiligt sein – schließlich sollen sich später auch alle bei der Erziehung und Pflege beteiligen.

siv sind. Es ist jedoch ebenso wichtig, dass Sie zu erkennen lernen, wie ein gesunder Welpe aussehen und sich verhalten sollte. Alle diese Faktoren helfen Ihnen bei Ihrer Suche, und wenn Sie dann dem Saluki begegnen, der für Sie bestimmt ist, werden Sie ihn sofort erkennen. Vielleicht haben Sie sich sogar schon für einen bestimmten Welpen entscheiden können.

Aber auch wenn Sie Ihren Traumhund noch nicht gefunden haben, konnten Sie durch das Beobachten der verschiedenen Würfe bereits viel über die Dynamik eines Rudels lernen. Diese Erfahrung wird Ihnen bei der weiteren Suche nach Ihrem künftigen Hausgenossen sehr nützlich sein und Ihnen die endgültige Auswahl erleichtern. Ebenso wichtig ist es natürlich, dass Sie zu erken-

Ihr Zeitplan...

Die Haltung eines Welpen kann beträchtliche Probleme mit sich bringen, wenn Sie ein unstetes Leben führen. Vergessen Sie nicht: Ein Welpe muss regelmäßig gefüttert werden; er braucht Ihre Zuneigung und muss sozialisiert werden. Vor allem muss er regelmäßig nach draußen, um sein Geschäft zu verrichten. Erst wenn der Hund älter ist, verkraftet er Abweichungen von der täglichen Routine. Auch dann darf er nicht länger als vier Stunden täglich allein sein.

nen lernen, ob ein Welpe gesund ist, wie er sich korrekt verhalten und aussehen muss. All dies Wissen wird Ihnen bei der Auswahl Ihres Welpen helfen. Es kommt bestimmt der Tag, da läuft Ihnen Ihr Traumhund einfach über den Weg.

Hündin oder Rüde?

Ein wichtiger Punkt bei der Auswahl Ihres Welpen ist die Frage nach dem Geschlecht. Manchmal sind Hündinnen etwas leichter zu erziehen und etwas kleiner als Rüden. Ihnen wird oftmals ein besseres Sozialverhalten nachgesagt. Zweimal jährlich werden Hündinnen für drei Wochen läufig und für Rüden interessant. Bei der Wahl des Geschlechts können Sie sich auch an der Mehrheit der Hunde in der Nachbarschaft orientieren.

Sich Wissen über die Rasse zu beschaffen, die Auswahl eines zuverlässigen Züchters und das Beobachten möglichst vieler Welpen sind allesamt wichtige Schritte auf dem Weg zu einem verantwortungsbewussten Hundehalter. Es sieht alles ziemlich mühevoll aus – und Sie haben Ihren Welpen noch nicht einmal in sein neues Zuhause eingeführt. Vergessen Sie nicht, dass Sie gar nicht genug Vorsicht walten lassen können, wenn es darum geht, sich für einen bestimmten Hund zu entscheiden.

Der Kauf eines Welpen sollte niemals aus einer spontanen Stimmung heraus geschehen. Mit dem Kauf eines Welpen fügen Sie Ihrer eigenen Familie ein weiteres Mitglied hinzu! Nun werden Sie vielleicht sagen, dass der Kauf eines Welpen doch auch Spaß machen und keine derart ernste und aufwendige Sache sein muss. Vergessen Sie dabei nicht, dass ein Welpe kein kuscheliges Stofftier ist, sondern ein Lebewesen mit Bedürfnissen und Gefühlen, das als gleichwertiges Familienmitglied behandelt werden sollte. Sie werden schnell feststellen, dass der Kauf eines Welpen ein durchaus erfreuliches und aufregendes Erlebnis ist, das man jedoch keinesfalls auf die leichte Schulter nehmen sollte. Sie werden schnell erkennen, dass der erhoffte Spaß beginnt, sobald der Welpe in sein neues Zuhause eingezogen ist.

Halten Sie sich vor Augen, dass ein Welpe nichts anderes als ein Baby in einer Fellverkleidung ist, das in der Welt der Menschen völlig hilflos ist und sein Leben und Wohlergehen vertrauensvoll in Ihre Hände legt. Die Anforderungen gehen weit über Futter, Wasser und Schlafplatz

hinaus, denn Ihr Welpe braucht Pflege, Schutz, Führung und Liebe. Wenn Sie sich dem nicht gewachsen fühlen, sind Sie als Hundehalter ungeeignet.
Vielleicht werden Sie sich fragen, wie weit es der Autor denn nun noch treiben will. Alle Ihre Nachbarn haben Hunde und scheinen keine Probleme zu haben. Warum also sollten Sie sich über all diese Dinge den Kopf zerbrechen? Weil das Ihre Nachbarn auch getan haben! Tatsächlich werden Sie feststellen, dass Ihr Welpe nach einer gewissen Eingewöhnungszeit auf ganz natürliche Weise seinen Platz in Ihrer Familie findet. Mit etwas Zeit und Geduld ist die Aufzucht eines neugierigen und vor Lebensfreude sprühenden Saluki-Welpen zu einem wohlerzogenen und angepassten erwachsenen Hund nicht allzu schwer.

Vorbereitungen für den Einzug des Welpen

Das neue Zuhause und die neue Familie müssen sorgfältig auf das neue Familienmitglied vorbereitet werden. Genauso wie Sie ein Kinderzimmer für den Einzug eines Babys vorbereiten würden, müssen Sie auch für Ihren Welpen einen Platz auswählen, der ihm allein gehört und wo er sich wirklich wohl und sicher fühlen kann. Wie diese Vorbereitungen aussehen müssen, hängt ganz davon ab, wieviel Freiraum Sie dem Welpen einräumen möchten. Wird er ein Zimmer oder einen festgelegten Bereich der Wohnung zur Verfügung haben, oder soll er sich frei in der gesamten Wohnung bewegen können? Wird er sich auch im Garten aufhalten?

Welpenpersönlichkeiten

Wenn Sie die Möglichkeit bekommen, sich einen Welpen aus einem Wurf aussuchen zu können, werden Sie bemerken, dass das gar nicht so einfach ist. Suchen Sie den Welpen nach Ihren eigenen Vorlieben aus. Ein ruhiger Welpe passt besser in einen ruhigen Haushalt mit kleinen Kindern, wohingegen ein forscher Welpe schon besser zu einer lebhafteren Familie mit größeren Kindern passt. Fragen Sie im Zweifelsfall Ihren Züchter nach seiner Einschätzung, denn er kennt seine Welpen am allerbesten.

Erledigen Sie Ihre Hausaufgaben!

Um ermessen zu können, ob ein Welpe zu Ihrem Lebensstil passt, müssen Sie sich in ihn hineinversetzen können. Am einfachsten ist dies, indem Sie seine Eltern kennen lernen, denn der Welpe erbt von ihnen nicht nur körperliche, sondern auch viele charakterliche Merkmale. Genau wie sein Vater und seine Mutter kann er dann eher scheu oder frech sein!

Sie sollten sich stets darüber im Klaren sein, dass Sie Ihr Zuhause von nun an mit Ihrem Welpen teilen. Mein Heim ist auch dein Heim. Im Normalfall werden Sie Ihrem Welpen nicht gestatten, Ihre gesamte Wohnung zu übernehmen, jedoch ist es für seine Entwicklung zu einem ausgeglichenen und anpassungsfähigen Hund wichtig, dass er sich in seiner Umgebung wohl und sicher fühlt. Denken Sie stets daran, dass er die einzige Familie, die er kannte, verlassen musste. Es ist deshalb ausgesprochen wichtig, dass Sie ihm diesen Wechsel in seine neue Familie und fremde Welt so angenehm wie möglich machen. Durch die sorgfältige und wohlüberlegte Vorbereitung eines speziell für den Welpen bestimmten Plätzchens geben Sie ihm das sichere Gefühl, in dieser fremden Umgebung herzlich willkommen zu sein. Es sollte nicht lange dauern, bis er sich an seine Umgebung gewöhnt hat. Solch eine plötzliche Umsiedlung ist in jedem Fall für einen Welpen ein traumatisches Erlebnis. Versuchen Sie sich vorzustellen, wie sich ein Kleinkind in einer solchen Situation fühlen muss – Ihr Welpe empfindet ebenso. Es ist Ihre Aufgabe, ihn davon zu überzeugen, dass er sich in seinem neuen Zuhause stets sicher und wohl fühlen kann.

Was muss angeschafft werden?

Die Hundebox

Für jemanden, der mit dem Gebrauch von Hundeboxen bei der Ausbildung nicht vertraut ist, mag die Vorstellung von einem eingesperrten Welpen unangenehme Gefühle und den Gedanken an eine Form von Tierquälerei erwekken – dem ist jedoch ganz und gar nicht so. Hundeboxen oder -käfige sind keine Gefängnisse, sondern erfüllen bei der Erziehung und Ausbildung eines Hundes eine Reihe Aufgaben. Zum Beispiel ist die Gewöhnung an die Box ein sehr beliebtes und erfolgreiches Verfahren, um einen Welpen zur Stubenreinheit zu erziehen. Eine Box stellt eine Sicherheitseinrichtung dar, wenn der Welpe allein in der Wohnung ist, und nicht zuletzt bietet sie dem Hund einen Platz, den er sein Eigen nennen kann, den er mit niemandem teilen muss und

Ein Tipp zur Stubenreinheit

Es ist sinnvoll, die Box Ihres Welpen, falls sie etwas größer ist, in der ersten Zeit zu unterteilen. Wenn die Box zu geräumig ist, wird es ihm nichts ausmachen, dort auch sein Geschäft zu verrichten. Ihre Bemühungen, ihn stubenrein zu bekommen, wären leider vergeblich. Hunde halten ihren Schlafplatz instinktiv sauber. Wenn der Welpe sich aufgrund des reichlichen Platzangebotes weit genug von seinem „Bett" entfernen kann, um sich zu lösen, wird er dies auch in der Box tun. Mit dem Wachstum des Hundes lässt sich der abgeteilte Platz dann je nach Bedarf entsprechend vergrößern. Mit etwas Geduld und Verständnis werden Sie es schaffen, dass sich Ihr Welpe nach kurzer Zeit in seiner neuen Behausung wohlfühlt.

Futterkosten

Der Faktor „Futterkosten" sollte nicht unerwähnt bleiben. Jeder Hund benötigt eine ausgewogene Ernährung , um gesund zu bleiben und die notwendige Muskelkraft und Knochenstabilität zu entwickeln. Eine unzureichende Ernährung kann schnell zu Haut- und anderen Gesundheitsproblemen führen.

wo er sich wohl und sicher fühlen kann. Eine Hundebox eignet sich bestens als Schlafplatz, wo sich Ihr Saluki-Welpe zusammenrollen und einkuscheln kann, wenn er müde ist oder sich etwas ausruhen will. Viele Hunde verbringen die gesamte Nacht in ihren Boxen. Wenn die Box mit weichen Decken ausgelegt ist und sich darin auch noch die bevorzugten Spielzeuge Ihres Welpen befinden, wird sie bald sein Lieblingsplatz.

Wie seine wildlebenden Vorfahren sucht auch Ihr Welpe den Komfort und die Rückzugsmöglichkeit eines Baues – Sie bieten ihm lediglich eine etwas luxuri-

Es gibt hochwertige Boxen in verschiedenen Größen und Ausfertigungen; Lassen Sie sich beraten!

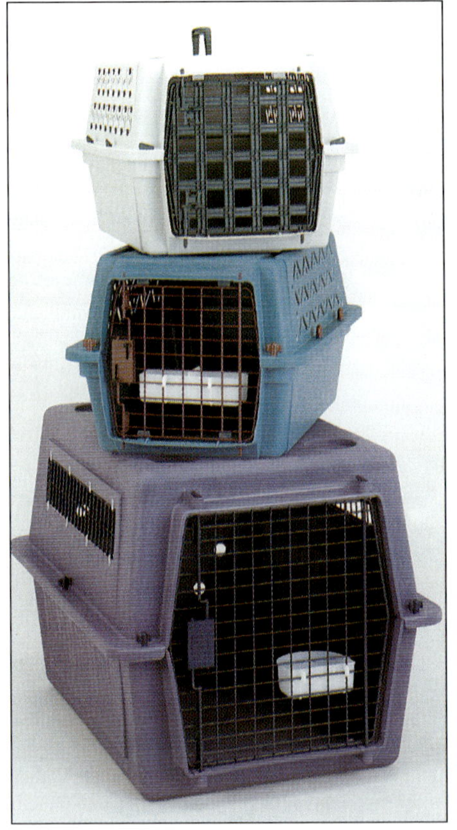

ösere Ausführung, die anstatt mit Blättern und Zweigen, mit weichen Decken ausgelegt ist und anstelle einer schmutzigen Senke oder Höhle, aus einer bequemen und sauberen Hundebox besteht. Für welche Art von Hundebox Sie sich entscheiden, bleibt völlig Ihnen überlassen. Es gibt zwei Standardausführungen aus Draht oder Fiberglas. Jede besitzt ihre Vor- und Nachteile. Die Hundebox aus Draht ist offener und erlaubt so einen effektiveren Luftaustausch und einen besseren Rundumblick. Die Fiberglasausführung ist stabiler und kann auch als Transportbox für Reisen dienen, denn sie bietet dem Hund mehr Schutz. Auch die Größe der Box ist wichtig. Eine kleine Box ist für einen Welpen, nicht aber für einen erwachsenen Hund ausreichend. Salukis scheinen so schnell zu wachsen, dass man ihnen dabei zusehen kann. Wenn Sie nicht jedes Mal eine neue Box anschaffen wollen, wenn Ihr Welpe einen Wachstumsschub durchläuft, kaufen Sie besser gleich eine, die auch noch für einen ausgewachsenen Hund reicht. Dabei muss die Box so groß gewählt werden, dass Ihr Hund darin bequem sitzen, stehen, sich hinlegen und drehen kann.

Decken

Eine oder zwei Decken in der Hundebox machen dem Welpen seinen Platz behaglicher. Zum einen ersetzen die Decken die natürliche Bodenlage aus Blättern und Zweigen, die zur Auspolsterung seines Baues dienen. So kann sich der Welpe in der Decke seine eigene Schlafkuhle „graben". Der Welpe hat sich, bis er von seiner Mutter und seinen Geschwistern getrennt wurde, zwischen ihnen einkuscheln können und sich so warm und geborgen gefühlt. Auch wenn eine Decke nicht mit dem warmen und atmenden Körper verglichen werden kann, bietet sie dennoch ebenfalls Wärme und eine Möglichkeit zum Kuscheln. Sie müssen die Decken regelmäßig waschen, denn besonders am Anfang kann es noch zu dem einen oder anderen „Unfall" kommen. Eine Ersatzdecke ist unbedingt notwendig, denn die Lebenserwartung einer Decke ist bei Welpen sehr gering.

Spielzeug

Spielzeug ist für Hunde aller Altersgruppen ein Muss, besonders für neugierige und verspielte Welpen. Welpen sind die Kinder der Hundewelt – und welches Kind liebt kein Spielzeug?

Kauspielzeuge haben für Hund und Halter Vorteile – während sich der Welpe am Herumkauen auf seinem Spielzeug erfreut, genießt der Halter die Tatsache, dass sich sein Hund nicht an Möbeln, Teppichen und teuren Lederschuhen vergreift. Welpen lieben es, auf Dingen herumzukauen. Tatsächlich ist das Kauen während des Zahnens eine Notwendigkeit. Alles, was sich in Ihrem Haushalt befindet – von antiken Möbeln bis zu Orientteppichen –, verkörpert in den Augen Ihres zahnenden Welpen geeignetes Spielzeug. Wenn es darum geht, ihre Zähne im wahrsten Sinne des Wortes in etwas eingraben zu können, sind Welpen alles andere als wählerisch! Saluki-Welpen haben kräftige Zähne, und das Spielzeug sollte dem gewachsen sein. Es ist ratsam, ausgestopfte Stofftiere in Sicherheit zu bringen, da diese in kürzester Zeit ihre Füllung verlieren können. Ihr Welpe könnte auch die weder verdauliche noch nahrhafte oder gar giftige Füllung fressen.

Quietschende Gummispielzeuge erfreuen sich bei Welpen größter Beliebtheit, sind jedoch für einen Saluki ungeeignet. Das Spielzeug kann zu einer Gefahr für Ihren Welpen werden, wenn er es zerbeißt und den tongebenden Plastikquäker verschluckt. Sie sollten

Ein Drahtkäfig ermöglicht Ihrem Saluki einen guten Rundumblick und eine gute Luftzirkulation. Der Käfig sollte so hoch sein, dass Ihr Saluki problemlos aufrecht stehen kann.

So viel Spielzeug!

Es gibt eine Vielzahl von Hundespielzeug, das eine Menge Spaß verspricht. Aber nicht alles, was für Hunde geeignet erscheint, ist auch wirklich für Hunde zu empfehlen. Es ist beeindruckend, was Welpenzähne in kürzester Zeit mit einem harmlos aussehenden Spielzeug anrichten können. Seien Sie deshalb bedacht bei der Auswahl und denken Sie immer zuerst an die Sicherheit Ihres Hundes. Wählen Sie das haltbarste Produkt, das Sie finden können. Mit harten Nylonknochen und -spielzeugen sind Sie auf der sicheren Seite. Diese werden in verschiedenen Geschmacksrichtungen angeboten, deren Aromastoffe das Spielzeug für Ihren Hund unwiderstehlich machen sollen.

stets den Zustand der Spielzeuge Ihres Welpen im Auge behalten und solche, die bis zu dem Punkt zernagt sind, an dem sie eine Gefahr darstellen, gegen neue austauschen.

Geben Sie Ihrem Hund keine echten Knochen, denn sie neigen dazu, in scharfe und spitze und somit gefährliche Teile zu zersplittern. Selbst von speziell für Hunde gedachten Kauknochen kann der Welpe durch ausgiebiges Kauen Teile abnagen, die zum Hinunterschlucken zu groß sind und ihm im Hals stecken bleiben. Ihr Welpe sollte ein solches Kauspielzeug nur auf einer dafür gedachten Decke bekommen, denn die durch das Kauen entstehende klebrige und breiige Masse lässt sich nur schwer aus Ihrem Teppich entfernen.

Leinen

Eine Nylonleine ist die beste Wahl, denn sie ist den Zähnen des Welpen gegenüber am widerstandsfähigsten und reißfest. Natürlich gehört das Kauen an der Leine zu einer der unerwünschten Angewohnheiten, doch steht das Herumnagen an allen möglichen Gegenständen mit dem Zahnen in Verbindung und lässt sich nicht von einem Tag auf den anderen abgewöhnen. Eine Nylonleine wird Ihr Welpe im Normalfall auch nicht durchbeißen können. Ein weiterer Vor-

Das Umzahnen

Welpen lieben es, während des Umzahnens auf einem etwas weicheren Kauspielzeug zu knabbern. Stofftiere sind aber denkbar ungeeignet.

Kauspielzeug

Das Hundespielzeug soll Ihren Hund nicht nur geistig und körperlich fordern, sondern hilft auch bei der Zahnpflege. Hartgummispielzeug ist teilweise mit speziellen Rillen versehen, durch die der Plaque entfernt und so der Bildung von Mundgeruch und Zahnstein vorbeugt wird, der zu Zahnfleischentzündungen führen kann.

teil dieser Leinen liegt in ihrem geringen Gewicht, was Ihrem Saluki die Gewöhnung an das Laufen an der Leine erleichtert. In jedem Fall ist die Nylonleine für die täglichen Aktivitäten wie Gassigehen die beste Lösung. Sobald Ihr Welpe sich an das Laufen an der Leine gewöhnt hat, können Sie die Nylonleine gegen eine verstellbare Lederleine austauschen. Bei solchen Leinen können Sie die Länge verändern, um Ihrem Hund einen erweiterten Laufraum zu bieten oder um ihn dicht bei sich zu haben. Für Trainingszwecke gibt es spezielle Leinen und Geschirre, die für die täglichen Spaziergänge mit Ihrem Saluki nicht sinnvoll sind.

Ihr Zoohändler bietet eine große Auswahl an Leinen an, unter denen Sie bestimmt eine geeignete finden werden.

Spielend lernen

Wenn Sie mit Ihrem Welpen regelmäßig Fang- oder Bringspiele mit seinem Spielzeug spielen, ist das ein idealer Weg, seine Muskeln und motorischen Fähigkeiten ebenso wie seine Bindung an Sie zu stärken. Auch fördern diese Spiele die geistigen Fähigkeiten Ihres Hundes.

Er muss auch lernen, seinen Beißreflex zu unterdrücken, keinen Menschen und kein Tier zu beißen und nicht an verbotenen Gegenständen zu knabbern. Auch beim Spielen geben immer Sie den Ton an. Sie bestimmen dan Anfang und das Ende. Das ist eine wichtige Lektion, wenn Ihr Welpe lernen soll, wer der Herr ist. Denn Sie bestimmen als sein Rudelführer sein ganzes Leben lang über ihn. Hat Ihr Welpe dies einmal akzeptiert, wird Ihre Freundschaft ein Leben lang halten.

Wussten Sie schon?
Es kann schon zwei Wochen dauern, bis sich Ihr Welpe an seine neue Umgebung gewöhnt hat. Ihr Welpe braucht viele Streicheleinheiten, regelmäßige Spaziergänge, eine ausgewogene und schmackhafte Ernährung und einen Platz, den er sein Eigen nennen kann.

Halsbänder

Ihr Welpe sollte sogleich an das Tragen eines Halsbands gewöhnt werden, an dem auch seine Erkennungsmarke befestigt ist. Leine und Halsband bilden eine Einheit. Ein leichtes Nylonhalsband ist ideal. Bei der Wahl ist darauf zu achten, dass es einerseits eng genug ist, um nicht von dem Welpen abgestreift werden zu können, andererseits aber lose genug ist, so dass es dem Hund kein Gefühl von Eingeschnürtheit und Unbehagen vermittelt. Sie sollten ein bis zwei Finger zwischen Hals und Halsband schieben können. Nach einigen Tagen wird das Tragen des Halsbandes zu einer Selbstverständlichkeit für Ihren Welpen. Würgehalsbänder können den Hals einschnüren, andererseits leicht abgestreift werden. Wählen Sie besser ein Halsband mit Schnalle!

Fress- und Wassernäpfe

Ihr Welpe braucht zwei Näpfe – einen für Futter und einen für Wasser. Wenn Sie Besitzer eines Gartens sind, ist die Anschaffung von zwei Sets zu empfehlen –

Der finanzielle Aspekt...
Für Bürsten, Halsbänder, Leinen, Decken und natürlich Spielsachen werden Sie ständig Geld ausgeben müssen. Wenn Ihr Welpe einmal persönliche Dinge beschädigt oder zerstört – und mit den meisten Welpen passiert das schon einmal – oder er sich an anderer Leute Sachen vergreift, erhöhen sich Ihre Ausgaben beträchtlich. Jährlich fallen noch Kosten für Impfungen sowie Wurmkuren und ähnlich wichtige Maßnahmen an. Sie müssen sich in jedem Fall auch der finanziellen Verantwortung eines Hundehalters bewusst sein.

Wählen Sie ein geeignetes Halsband

Das **Schnallenhalsband** aus Leder oder einem anderen Material eignet sich für fast jeden Verwendungszweck. Es ist besonders für kleine Hunde ideal. Achten Sie bei Welpen darauf, dass sich das Halsband eng genug schließen lässt – das Welpenhaar täuscht meist über den tatsächlichen Umfang des Halses beträchtlich hinweg. An diesem Halsband lässt sich die Erkennungsmarke des Hundes gut befestigen.

Das sogenannte **Zug-Halsband** wird hauptsächlich bei den Erziehungsübungen verwendet. Es besteht üblicherweise aus einer glatten Edelstahl-Kette, die sich sofort zuzieht, wenn der Hund an der Leine zieht (mit anderen Worten: Der Hund kann selbst bestimmen, welchen Druck er am Hals verspürt – natürlich wird er nicht weiter ziehen, wenn es unangenehm wird!). Nehmen Sie dieses Halsband sofort ab, wenn die Übungen beendet sind!

Das **Geschirr** wird von vielen Besitzern vor allem kleiner Hunde bevorzugt, die dazu tendieren, wegzulaufen oder alles zu jagen, was ihnen über den Weg läuft. Es eignet sich kaum als Erziehungshilfe, da es sogar einem sehr stark an der Leine ziehenden Hund keinerlei körperliche Unannehmlichkeiten bereitet (und er somit keinen Anlass sieht, das Ziehen aufzugeben). Entscheiden Sie selbst, was Sie möchten!

Der Zoofachhandel bietet eine große Auswahl an Wasser- und Fressnäpfen an.

eines für drinnen und eines für draußen. Edelstahl- oder auch stabile Plastiknäpfe sind die beste Wahl. Obwohl die Plastiknäpfe auf den ersten Blick geeignete „Kauspielzeuge" darstellen, werden sie gewöhnlich nicht als solche entfremdet. Edelstahl und Keramiknäpfe bieten keinerlei Angriffsfläche fürs Kauen und können gründlicher gereinigt werden.

Reinigungsmittel

Solange Ihr Welpe nicht stubenrein ist, werden Sie um zusätzliche Reinigungsarbeiten in Wohnung oder Haus nicht herumkommen. Es wird anfangs immer wieder zu „Unfällen" kommen. Das ist völlig normal, denn der Welpe hat noch keine ausreichende Kontrolle über Darm- und Blasenmuskulatur. Es ist ratsam, während dieser Zeit eine kleine Schaufel, alte Handtücher, Zeitungspapier und für die Gesundheit des Welpen ungefährliche Reinigungs- und Desinfektionsmittel im Haus zu haben.

Über die Grundausstattung hinaus

Die bisher angesprochenen Gegenstände bilden lediglich die Grundausstattung. Was außerdem benötigt wird, werden Sie schnell herausfinden – Fellpflegemittel, Floh- und Zeckenschutzmittel, Laufgitter zum Abteilen von Räumen und so weiter. Ob Sie all diese Dinge brauchen, hängt ganz von den gegebenen Umständen ab. Am wichtigsten ist es, dass Sie beim Einzug ihres Welpen alles Notwendige zur Verfügung haben, was für die Ernährung und ein kuscheliges, sicheres Plätzchen nötig ist, damit sich Ihr Welpe schnell in seinem neuen Zuhause einlebt.

Welpensicherheit

Sie müssen dafür sorgen, dass Ihr Saluki-Welpe in Ihrem Heim vor Gefahren sicher ist. Ihr Welpe darf nicht in Bereiche Ihrer Wohnung kommen, in denen er nichts zu suchen hat. Es darf sich nichts in seiner Reich- oder Riechweite befinden, was seiner Gesundheit schaden könnte, wenn er neugierig daran schnüffelt oder herumkaut. Derartige Sicherheitsvorkehrungen sollten selbstverständlich sein, denn neben der Sorge um die Gesundheit Ihres Welpen werden Sie auch darauf bedacht sein, dass Ihre persönlichen Dinge nicht durch den Erkundungsdrang Ihres Welpen beschädigt werden. Dafür kann Ihr Welpe nichts, denn er folgt nur seinem Instinkt! Wenn sich Ihr Welpe frei in Ihrem Heim bewegen kann, sollten Sie zerbrechliche Gegenstände aus seiner Reichweite entfernen. Falls sein Bewegungsfreiraum auf ein bestimmtes Zimmer oder einen festgelegten Teil der Wohnfläche beschränkt ist, müssen alle potentiell gefährlichen Gegenstände aus diesem Bereich entfernt werden. Ein Elektrokabel stellt eine potentielle Gefahr dar, denn wer kann einen Welpen mit Worten davon überzeugen, dass es sich hierbei nicht um ein Kauspielzeug handelt? Elektrokabel sollten entweder mit Kabelschellen an der Wand befestigt, unter dem Teppich verlegt oder durch stabile Kabelkanäle geschützt sein.

Stressfreiheit

Einige anerkannte Hundemediziner sagen, dass Stress innerhalb der frühen Entwicklungsphase eines Hundes das Immunsystem schwächen und somit die Lebenserwartung verkürzen kann. Sie unterstreichen daher die Notwendigkeit für eine glückliche Entwicklungsphase mit möglichst wenig Stress.

Es fällt in Ihren Verantwortungsbereich, die Hinterlassenschaften Ihres Hundes zu beseitigen.

Fütterungshinweis

Sie sollten Ihren Welpen in den ersten Wochen mit demselben Futter versorgen, das er auch beim Züchter erhalten hat. Ein guter Züchter wird Ihnen einen kleinen Vorrat mitgeben. Verwöhnen Sie Ihren Welpen zwischen den Mahlzeiten nicht mit zu vielen Leckereien. Sein Kalorienbedarf ist relativ niedrig und schnell durch einige Leckerchen für den Tag gedeckt, ohne dass der Welpe die notwendigen Nährstoffe zu sich genommen hat.

Genauso wichtig wie die Sicherheit innerhalb der Wohnung ist die Sicherheit im Freien. Ihr Welpe sollte niemals unbeaufsichtigt sein, jedoch sollte Ihr Hund auch im Garten herumtollen und auf Erkundungsreise gehen können. Ein eingezäunter Garten bietet manchmal eine nur trügerische Sicherheit. Sie werden staunen, wieviel Kraft und Ausdauer ein Hund aufbringen kann, um herauszufinden, wie man sich am besten unter einem Zaun hindurchgräbt oder sich erfolgreich durch das kleinste Loch hindurchquetscht. Für viele Hunde ist selbst das Überspringen oder Überklettern von relativ hohen Zäunen kein Problem. Die sicherste Methode ist, einen so hohen Zaun zu wählen, den Ihr Hund mit Sicherheit weder überklettern noch überspringen kann (etwa zwei Meter) und der ausreichend tief in das Erdreich eingelassen ist. Sämtliche Schwachstellen im Zaun müssen umgehend repariert werden.

Der erste Besuch beim Tierarzt

Vielleicht kann Ihnen der Züchter einen guten Tierarzt empfehlen, oder Sie haben Kontakt zu anderen Hundehaltern, die mit der Adresse eines zuverlässigen Veterinärmediziners dienen können. In jedem Fall sollten Sie einen Termin mit dem Arzt vereinbaren und Ihren Welpen innerhalb der ersten vier Wochen nach Einzug in sein neues Heim zu einer ausgiebigen Grunduntersuchung vorstellen.
Eine solche Grunduntersuchung besteht aus der Überprüfung seines allgemeinen Gesundheitszustandes, um sicherzustellen, dass keine Probleme vorliegen, die sich nicht sofort erkennen ließen. Ihr Tierarzt wird außerdem nach den Angaben des Züchters einen Impfplan aufstellen, der Auskunft darüber gibt, wann welche Impfungen oder Nachimpfungen fällig werden.

Wie Impfstoffe wirken

Wenn Sie Ihren Welpen gerade erst bekommen haben, wissen Sie sicher, wie wichtig Impfungen für ihn sind. Aktive Impfstoffe enthalten genau die Erreger, gegen die der Körper Abwehrstoffe bilden und somit immunisiert werden soll. Damit die Erreger nicht gefährlich sind, wurden sie entweder abgetötet oder chemisch behandelt. Infiziert sich Ihr Hund nun, kann das Immunsystem sofort die geeignete Verteidigung einleiten!
Passive Impfstoffe enthalten bereits die notwendigen Antikörper und werden zur Behandlung einer bestehenden Infektion verwendet.

Einführung in die Familie

Jedes Familienmitglied wird dem Einzug Ihres Welpen mit Freude entgegensehen, ihn streicheln und mit ihm spielen wollen. Es ist jedoch besser, die Begrüßungszeremonie nicht zu übertreiben, denn ein Zuviel an Aufmerksamkeit, zu viele Menschen und Hände wirken auf einen kleinen Hund beängstigend.
Er ist ohnehin bereits stark verunsichert, denn er wurde das erste Mal von seiner Mutter, seinen Geschwistern und dem ihm bis dahin einzigen vertrauten Menschen (dem Züchter) getrennt, und der Transport in sein neues Zuhause ist höchstwahrscheinlich auch seine erste Bekanntschaft mit einem Auto gewesen. Sie sollten ihn deshalb keinesfalls mit Aufmerksamkeiten und Liebkosungen „ersticken", da ihn dieses Verhalten nur noch mehr ängstigen würde. Damit soll jedoch nicht gesagt sein, dass der Kontakt mit Menschen in diesem Stadium nicht wichtig wäre, denn genau in dieser Zeit entwickelt sich eine spontane Beziehung zwischen dem Welpen und seiner neuen Familie. Sanftes Streicheln und liebkosende, beruhigende Worte sind ihm eine genauso große Hilfe wie die Möglichkeit, seine neue Umgebung selbständig erforschen zu können – natürlich unter den wachsamen Augen seines Halters.
Ein Welpe kann seine erste Aufmerksamkeit seinen neuen Familienmitgliedern schenken oder sich auch erst einmal für einige Zeit der Erkundung seiner neuen Umgebung widmen. Nach und nach sollte jedes Familienmitglied etwas Zeit mit dem Welpen verbringen, sich dazu auf den Boden – also auf etwa die Ebene des Welpen – begeben, ihn an den Händen riechen lassen und ihn sanft streicheln. Der Welpe braucht die Aufmerksamkeit des Menschen und sollte

Die erste Autofahrt

Die Autofahrt vom Züchter in Ihr Heim kann für den Welpen und Sie eine unangenehme Erfahrung werden. Der Welpe wird aus seiner warmen, gewohnten Umgebung in eine fremde und neue Welt gebracht – eine Welt, die sich bewegt! Machen Sie sich auf eventuell auftretenden Durchfall, Urinieren, Weinen, Winseln und sogar Angstbeißen gefasst. Zu Hause angekommen können Sie ihm aber mit viel Liebe und Ermunterung helfen, den Stress seiner ersten Autofahrt schnell zu vergessen.

Salukis können gut klettern und hoch springen. Beachten Sie dies, wenn Sie Ihren Garten ausbruchsicher einzäunen wollen!

Natürliche Gifte

Wenn Sie einen Garten besitzen, sollten Sie ihn nach versteckten Gefahren für Ihren Welpen überprüfen, bevor er sich dort frei bewegen darf. Überraschend viele Pflanzen sind giftig, und ein neugieriger Welpe macht davor leider keinen Halt. Fragen Sie Ihren Tierarzt, wie man giftige Pflanzen erkennt und Unfälle vermeidet.

auch unbedingt angefasst werden, denn so entsteht eine spontane Bindung. Denken Sie stets daran, dass der Welpe zum ersten Mal in seinem Leben binnen sehr kurzer Zeit mit vielen Neuheiten konfrontiert wird. Da sind fremde Menschen, fremde Geräusche, neue Gerüche und viele Dinge, die untersucht werden müssen. Seien Sie so sanft, liebevoll und so ermutigend wie möglich.

Die erste Nacht im neuen Heim

Den Weg in sein neues Heim hat der Welpe sicher in seinem Körbchen oder seiner Box überstanden. Er hat seine neue Familie kennengelernt und alle Mitglieder, einschließlich der aufgeregten Kinder und der nicht ganz so glücklichen Katze liebevoll abgeleckt. Er hat seine neue Umgebung erkundet, sein Bett ausprobiert und den Garten und andere Wohnbereiche, die ihm zugänglich sind, ausgiebig abgeschnüffelt. Er hat sein erstes Futter im neuen Heim erhalten und ist an einem dafür vorgesehenen Platz Gassi gegangen. Er hat viele neue Geräusche gehört, den Geruch neuer Freunde aufgenommen und mehr

von der fremden Welt dort draußen gesehen als jemals zuvor. Und das war erst der erste Tag! Er ist völlig erschöpft und reif fürs Bett – zumindest haben Sie diesen Eindruck.

Es ist seine erste Nacht, und Sie wünschen ihm „Schöne Träume" – vergessen Sie jedoch nicht, dass dies auch die erste Nacht für ihn ist, die er allein verbringen muss. Seine Mutter und Geschwister sind nicht mehr nur eine Pfotenlänge von ihm entfernt, und ihm ist kalt, er fühlt sich allein und hat auch etwas Angst. Seien Sie Ihrem neuen Familienmitglied daher eine Ermutigung, wirken Sie beruhigend auf den Welpen ein, aber denken Sie auch daran, dass dies nicht die Zeit zum Verwöhnen ist – geben Sie seinem unvermeidlichen und kläglichen Winseln nicht nach.

Das Winseln eines Welpen dient der Kommunikation mit dem Rudel. Er will die anderen wissen lassen, wo er ist, und hofft, dass sie zu ihm kommen und ihm Gesellschaft leisten werden. Stellen Sie die Box oder das Körbchen an Ihr Bett, dann fühlt sich der Kleine nicht so einsam. Nach einiger Zeit wird er ruhig werden und einschlafen. Winselt er, können Sie Ihre Hand auf ihn legen. Nach einigen Nächten wird er entspannt schlafen und wenn Sie nicht möchten, dass er auf Dauer in Ihrem Schlafzimmer übernachtet, können SIe das Körbchen immer ein Stück weiter abrücken.

Viele Züchter empfehlen, etwas von dem alten Schlafplatz des Welpen in sein neues Bett zu legen, so dass er den Geruch seines Rudels erkennt. Andere wieder raten dazu, dem Welpen eine Wärmflasche ins Bett zu legen. Dies ist keine schlechte Idee, vorausgesetzt, der Wel-

Giftige Pflanzen

Viele Pflanzen sind für Hunde giftig. Wenn Ihr Welpe mit einem Pflanzenteil im Maul herumläuft, nähern Sie sich ihm ganz ruhig und vermeiden Sie direkten Augenkontakt, streicheln Sie ihn und nehmen Sie ihm das Pflanzenteil aus dem Fang. Loben Sie ihn nicht zu sehr, er könnte dies als Aufforderung verstehen, noch mehr Pflanzen heranzuschaffen. Befreien Sie Ihre Wohnung und Ihren Garten von Giftpflanzen.

Salukis sind von Natur aus Fremden gegenüber zurückhaltend. Zwingen Sie Ihren Hund nicht zu Begeisterung, wenn er sich schüchtern verhält!

Sozialisierung

Die Sozialisierung umfasst nicht nur den Kontakt mit anderen Menschen, sondern auch die Konfrontation mit neuen Situationen wie das Fahren im Auto, die Fellpflege, neue Geräusche, das Herumlaufen in einer Menschenmenge – diese Liste ist endlos. Je mehr Erfahrungen Ihr Welpe sammelt und je positiver diese sind, desto geringer sind der Schock und die Angst bei der Konfrontation mit neuen Dingen.

pe nuckelt nicht an der Wärmflasche, löst so den Verschluss oder zerbeisst sie, denn ein nasser Welpe schläft nicht so schnell ein.

Die erste Nacht im neuen Heim kann sowohl für den Welpen als auch für Sie mit einigem Stress verbunden sein. Denken Sie daran, dass Sie in Ihrem Haus den Ton angeben und bestimmen, wann Schlafenszeit ist. Wenn Sie also nicht jeden Tag bis 22 Uhr, um Mitternacht und morgens um zwei Uhr mit Ihrem Welpen spielen wollen, dann sollten Sie eine solche Entwicklung von vornherein unterbinden.

Während der Sozialisierung ist es sehr wichtig, dass Ihr Saluki andere Hunde trifft!

Das Verhindern von typischen Problemen mit Welpen

Sozialisierung

Nachdem alle Vorbereitungen abgeschlossen sind und sich Ihr Welpe in seinem neuen Heim eingewöhnt und mit der Familie Freundschaft geschlossen hat, ist es Zeit, dass der versprochene Spaß beginnt. Die Sozialisierung Ihres Saluki-Welpen verschafft Ihnen die Möglichkeit, Ihren neuen Freund vorzuzeigen. Ihr Welpe kommt in den Genuss festzustellen, welche Vorteile man als unwiderstehliches Fellbündel genießt, das jeder streicheln will und dabei den Eindruck erweckt, dass es etwas ganz Besonderes ist.

Eine gute Sozialisierung umfasst nicht nur den Kontakt mit den Familienmitgliedern, sondern auch mit anderen Menschen, Tieren und Situationen. Aus guten Gründen sollte der Welpe jedoch nicht in engen Kontakt mit Ihnen nicht näher bekannten Hunden kommen, solange seine Grundimpfungen noch nicht abgeschlossen sind. Dies hilft ihm dabei, zu einem anpassungsfähigen

Welpensicherheit

Bevor Sie Ihren Welpen nach Hause holen, sollten Sie Ihr Heim „welpensicher" gemacht haben. Verwenden Sie niemals Rattengift, Insektenschutz- oder gefährliche Reinigungsmittel im Lebensbereich Ihres Hundes. Das gilt auch für Toilettenreiniger, denn jeder Welpe wird gerne einen „Schluck nehmen", wenn der Toilettendeckel offensteht.

Chemische Gifte

Auch Ihre Garage muss „hundesicher" sein. Pestizide und Frostschutzmittel müssen außerhalb der Reichweite des Welpen untergebracht sein, denn schon einige Tropfen können ihn töten. Der süßliche Geruch und Geschmack von Frostschutzmitteln verleitet jeden Welpen dazu, sie vom Boden aufzulecken.

Eine mangelhafte Sozialisierung kann sich später in Form von Angst oder Aggressivität manifestieren. Ihr Welpe sollte häufig mit anderen Menschen und Tieren zusammenkommen, oft angefasst und liebevoll umsorgt werden. Nachdem Ihr Welpe all seine notwendigen Impfungen erhalten hat, können Sie ihn gefahrlos ausführen – natürlich stets an der Leine. Machen Sie ihn mit Ihrer Nachbarschaft bekannt, nehmen Sie ihn auf Ihren täglichen Besorgungsgängen mit, erlauben Sie anderen Personen ihn anzufassen, lassen Sie ihn an anderen Hunden und Tieren schnüffeln und so weiter. Welpen müssen sich nicht um neue Freundschaften bemühen, denn sie treffen ständig auf tierliebe Menschen, die ihnen ihre Aufmerksamkeit schenken. Allerdings sollten Sie jeden neuen Kontakt aufmerksam überwachen. Wenn beispielsweise die Kinder

Die meisten Hunde graben gerne, auch wenn sie keine Terrier sind! Wenn Ihr Saluki ständig gräbt, unterbinden Sie dieses Verhalten von Anfang an konsequent.

Hund heranzuwachsen, und verhindert, dass er neuen Dingen und Situationen gegenüber ängstlich reagiert. Die Sozialisierung eines Welpen beginnt bereits beim Züchter und geht dann in die Verantwortung des neuen Besitzers über. Die kritischste Phase der Sozialisierung fällt in das Alter von acht bis 16 Wochen. Jeglicher Kontakt mit anderen Menschen oder Tieren sollte in dieser Zeit bewusst zärtlich und ermunternd sein.

Die richtige Sozialisierung

Die Sozialisationsphase reicht bei Welpen von der achten bis zur sechzehnten Woche. Dies ist auch die Zeit, in der die Welpen von ihrer Mutter getrennt werden sollten und zu ihren neuen Besitzern kommen, wo sie neue Menschen und andere Haustiere treffen. Eine falsche Sozialisation kann die Ursache für ängstliche und schüchterne Hunde sein, denen es an Selbstvertrauen mangelt. Diese Hunde werden nicht selten aus ihrer Angst heraus aggressiv gegen Menschen und Tiere.

Ihrer Nachbarn den Neuankömmling begrüßen wollen, so ist generell nichts dagegen einzuwenden, denn Kinder und Welpen sind meistens die besten Freunde. Es kann jedoch auch dazu kommen, dass ein aufgeregtes Kind unbeabsichtigt zu grob mit den Welpen umgeht oder ein übermütiger Welpe in seiner Verspieltheit nach der Hand des Kindes schnappt. Die Erfahrungen während der Sozialisierung sollten in jedem Fall positiv sein, denn alles, was der Welpe innerhalb dieser sehr wichtigen Entwicklungsphase lernt, prägt sein Verhalten in später auftretenden Situationen. Ein Welpe, der mit einem Kind eine schlechte Erfahrung gemacht hat, kann später Kindern gegenüber ein scheues oder auch aggressives Verhalten zeigen.

Erziehung erwünscht!

Während des Sozialisierungsprozesses sollte ein Welpe andere Menschen, eine neue Umgebung und andere Hunde kennenlernen. Durch das Spielen mit seinen Wurfgeschwistern und anderen Hunden lernt er, seine Kräfte zu kontrollieren und auch, wie er sich in seinem Rudel zu verhalten hat. Das hilft ihm für den Rest seines Lebens dabei, sich in seine Rangstellung zu fügen. Die Welpen sollten nicht vor der vollendeten achten Woche von ihrem Rudel getrennt werden, denn bis da dauert die Phase, in der sie diese wichtigen Verhaltensweisen lernen.

Keine Schokolade bitte!

Verwenden Sie beim Training Hundeleckerchen als Belohnung. Geben Sie Ihrem Hund nie Schokolade oder Süßigkeiten, denn diese enthalten für Hunde ungesunde Bestandteile.

Konsequenz im Training

Hunde sind Rudeltiere und benötigen einen Rudelführer. Ist ein solcher nicht vorhanden, versuchen sie ihre eigene Dominanz im Rudel zu etablieren. Wenn Sie einen Hund in Ihre Familie aufnehmen, liegt es an Ihnen, wer zum „Rudelführer" erhoben und wer zum „Rudel" degradiert wird. Die instinktive Neigung zur Dominanz Ihres Welpen in Verbindung mit der Tatsache, dass es nahezu unmöglich ist, einem unwiderstehlichen Saluki-Welpen in seine großen Augen zu sehen, ohne dabei schwach zu werden, verschaffen ihm einen fast schon unfairen Vorteil im Kampf um die Oberhand. Und ein jeder Welpe wird unweigerlich ausprobieren, wie weit er bei seinem Halter gehen kann.

Geben Sie diesen bittenden Augen nicht nach, bleiben Sie standfest, wenn es um die Erziehung Ihres Welpen geht, und stellen Sie sicher, dass alle anderen Familienmitglieder ebenso handeln. Die Situation, in der Frauchen ihn von der Couch jagt, während er es gewöhnt ist, genau von dort aus mit Herrchen die Abendnachrichten zu sehen, trägt nichts zu seiner Erziehung bei. Vermeiden Sie derartige Diskrepanzen, indem Sie die Richtlinien darüber, was erlaubt und was verboten ist, vor dem Einzug des Welpen mit Ihrer Familie festlegen! Ein frühzeitig einsetzendes Training formt die Persönlichkeit Ihres Hundes, so dass es keinen Zweifel darüber gibt, was Sie zu erwarten haben.

Häufig auftretende Probleme mit Welpen

Der beste Weg zur Verhinderung von Problemen ist der, ein unakzeptables Verhalten gleich im Keim zu ersticken. Das Sprichwort „Man kann einem alten Hund keine neuen Tricks beibringen", entspricht nicht in jedem Fall der Wahrheit, natürlich ist es viel einfacher, schlechtes Benehmen aus einem jungen, sich entwikkelnden Welpen herauszuerziehen, als darauf zu warten, bis aus dem ungezogenen Welpen ein unerträglicher, erwachsener Hund geworden ist. Es gibt einige Probleme, die speziell bei Welpen in der Entwicklungsphase auftreten.

Welpen-Training

Die Erziehung Ihres Welpen erfordert viel Geduld und kann anfangs recht anstrengend sein. Nach kurzer Zeit werden sich jedoch die ersten Erfolge einstellen. Falls Ihr Welpe unerziehbar erscheint, stellen Sie ihn einem Hundetrainer vor. Meist liegen die Probleme darin, dass die Hundehalter zu wenig über ihre Welpen und deren Eigenheiten wissen.

Das Halsband und die Leine für Ihren Saluki müssen robust, aber dennoch leicht sein.

Schnappen

Wenn Welpen mit dem Zahnen beginnen, verspüren sie einen starken Kaudrang – unglücklicherweise auch an Ihren Fingern, Armen, Haaren, Zehen und so weiter. Sie mögen dieses Verhalten während der ersten fünf Sekunden noch niedlich finden – aber auch nur, bis Sie spüren, wie spitz die Zähne eines Welpen sind. Dieses Verhalten werden Sie umgehend und konsequent mit einem strengen „Nein!" unterbinden und Ihrem Welpen ein geeignetes Spielzeug zum Kauen geben.

Während dieses Verhalten bei einem jungen Hund lediglich lästig ist, kann es bei einem erwachsenen Saluki mit seinen großen Zähnen, wenn er anfängt,

Welpenprobleme

Die Mehrheit der bei Welpen auftretenden Probleme stellen sich von selbst ein, sobald Ihr Hund älter wird. Dennoch bestimmt die Art und Weise, wie Sie mit diesen Problemen umgehen, wie Ihr Hund später auf disziplinarische Maßnahmen reagiert. Es ist wichtig, von Anfang an klar zu machen, wer der Herr im Haus ist! Die Beziehung, die sich in den ersten Monaten zwischen Ihnen und Ihrem Hund bildet, ist für den Rest seines Lebens ausschlaggebend.

an menschlichen Gliedmaßen herumzukauen, ausgesprochen unangenehm werden. Ihr Saluki will Sie mit seinem freundlich gemeinten Zuschnappen bestimmt nicht verletzen, jedoch kann er seine eigene Kraft oftmals weder richtig einschätzen noch ausreichend kontrollieren, und selbst ein junger Hund kann kräftig zubeißen, wenn er es nicht besser weiß.

Weinen und Winseln

Ihr Welpe wird anfangs weinen, winseln oder irgendwelchen anderen Tumult veranstalten, wenn er sich alleingelassen fühlt. Das ist seine Art, sich Aufmerksamkeit zu verschaffen, zu zeigen, dass er hier ist, und sicherzustellen, dass Sie ihn nicht vergessen haben.

Alleingelassen fühlt er sich unsicher, was bereits der Fall ist, wenn Sie nur eben in den Garten oder in ein anderes Zimmer gehen und er Sie nicht mehr sehen kann. Die von Ihrem Welpen ausgestoßenen Laute sind ein Ausdruck der Angst, die er empfindet, wenn er sich alleingelassen fühlt. Er muss lernen, dass das Alleinsein etwas Normales und Unbedrohliches ist. Zu diesem Zweck trainieren Sie den Hund nicht dahingehend, dass er das Heulen und Winseln einstellt, sondern in die Richtung, dass er sich allein wohl und sicher fühlt. Die direkte Folge davon ist, dass er automatisch damit aufhört, seiner Unzufriedenheit lautstark Ausdruck zu geben.

Bei diesem Abschnitt der Ausbildung kommt die mit Decken und mit Spielzeug ausgestattete Hundebox ins Spiel. Damit Ihr Welpe seinen Platz in der Box akzeptiert, muss er sich darin wohlfühlen. Aus diesem Grund ist es ausgesprochen wichtig, dass die Hundebox niemals zum Mittel von Bestrafungen wird, denn dann würde der Hund die Kiste mit einer negativen Erfahrung assoziieren.

Sie gewöhnen Ihren Welpen am besten an seine Box, wenn Sie ihn erst für kurze Zeit und dann für langsam immer länger werdende Intervalle, vielleicht zusammen mit einem Leckerbissen, in die Kiste sperren und währenddessen im

Wussten Sie schon?

Ein umzahnender Welpe will sich durch sein ständiges Knabbern Erleichterung verschaffen, weil sein Zahnfleisch und der Gaumen gereizt sind. Vielleicht findet er zu diesem Zweck ausgerechnet an Ihren Lieblingsschuhen Gefallen! Auch kleine Welpenzähne sind nicht zu unterschätzen. Dieser Kaudrang ist aber völlig normal und darf von Ihnen nicht unterdrückt werden. Sie sollten ihn aber in die richtigen Bahnen lenken. Ihr Welpe muss lernen, woran er knabbern darf und was für ihn tabu ist. Machen Sie ihm letzteres konsequent mit einem scharfen „Nein“ klar und geben Sie ihm sofort ein erlaubtes Kauspielzeug. Loben Sie ihn andererseits überschwänglich, wenn er sich von allein dem für ihn bestimmten Spielzeug zugewandt hat. Auf diese Weise fördern Sie sein erwünschtes Verhalten. Übrigens sollte der typische Welpen-Kaudrang nach dem Zahnwechsel nachlassen; es ist jedoch eine Tatsache, dass auch die meisten erwachsenen Hunde nicht aufhören, an Gegenständen zu kauen – vielleicht aus Langeweile oder weil es ihnen Spaß macht.

selben Raum bleiben. Wenn er weint, winselt oder heult, ignorieren Sie dies, bleiben jedoch in seiner Sichtweite. Nach und nach wird er verstehen, dass der Aufenthalt in seiner Box nichts Bedrohliches ist, wodurch er diesen Vorgang dann auch weniger traumatisch empfindet, wenn Sie nicht anwesend sind. Vielleicht lassen Sie das Radio auf sanfter Lautstärke eingeschaltet, wenn Sie das Haus oder die Wohnung verlassen – der Klang einer menschlichen Stimme kann eine beruhigende Wirkung haben. In der Box sollte Ihr Saluki sich sicher und geborgen fühlen. Trotzdem ist sie nicht dazu geeignet, den Hund stundenlang darin „wegzusperren“. Muss der Welpe alleine bleiben, müssen Sie dafür sorgen, dass das Zimmer, in dem er sich aufhält, frei von Gefahren ist.

Eine faltbare Drahtbox ist für die Mitnahme zu Ausstellungen und Wettkämpfen sehr praktisch.

Die tägliche Pflege Ihres Saluki

Überlegungen zur Ernährung und Fütterung

Heutzutage haben Sie eine reichhaltige Auswahl an Futtersorten für Ihren Saluki. Es gibt Dutzende von Herstellern, die Futtersorten in allen möglichen Geschmacksrichtungen und Ausführungen vom Welpenfutter bis hin zu speziellen Futtersorten für alte Hunde anbieten. Es gibt sogar hypoallergene und fett- sowie kalorienarme Futtersorten. Da das Futter Einfluss auf das Fell, die Gesundheit und das Temperament Ihres Saluki hat, ist es wichtig, dass die Wahl des Futters dem Alter und den Bedürfnissen Ihres Hundes entspricht. Bei der großen Sortenvielfalt stehen allerdings auch erfahrene Hundehalter vor der Frage, welches nun das beste Futter für ihren Hund ist. Nur wenn Sie die Bedürfnisse Ihres Hundes verstehen, können Sie auch die beste Wahl treffen.

Hundefertigfutter wird in drei Grundformen angeboten: trocken, halbtrokken und feucht. Das Trockenfutter ist gewöhnlich der preiswerteste Weg der Ernährung, die halbtrockenen und feuchten Futtersorten sind generell teurer. Die meisten Feuchtfutterarten bestehen zu 60 bis 70 Prozent aus Wasser. Trockenfutter hingegen wird meistens in Wasser aufgeweicht, bevor es dem Hund gegeben wird. Wird das Trokkenfutter nicht zuerst eingeweicht, muss der Hund viel trinken.

Bei der Auswahl des richtigen Hundefutters müssen Sie die drei Entwicklungsphasen berücksichtigen: das Wel-

Achten Sie drauf!

Trockenfutter muss in fest verschließbaren Behältern gelagert werden. Einmal geöffnet gehen innerhalb von neunzig Tagen die Vitamine verloren. Das Futter kann durch Schimmelpilzsporen oder kleine Tiere kontaminiert werden.

penstadium, die mittlere Altersstufe und die Seniorenjahre.

Die Ernährung des Welpen

Welpen besitzen den natürlichen Instinkt, an den Zitzen ihrer Mutter zu saugen. Dieses Verhalten sollten sie bereits an ihrem ersten Lebenstag zeigen. Wenn ein Welpe nicht innerhalb der ersten halben Stunde nach seiner Geburt zu saugen beginnt, sollten Sie ihn direkt an die Zitze einer Brust anlegen, die besonders gut mit Milch gefüllt ist. Bringt auch dies keinen Erfolg, können Sie den Welpen nur noch unter der fachmännischen Anleitung Ihres Tierarztes mit der Flasche großziehen. Natürlich ist die Muttermilch (Kolostralmilch) um vieles besser als jede käufliche Welpenmilch, denn sie beinhaltet Antikörper der Mutter, die den Welpen in den ersten acht bis zehn Wochen seines Lebens vor Infektionskrankheiten schützen. Es ist sehr wichtig, dass Sie nicht nur eine sehr gute Welpenmilch auswählen, sondern diese auch in der richtigen Menge und den richtigen Intervallen verfüttern – während der ersten Lebenstage bedeutet dies alle zwei Stunden!
Welpen sollten für mindestens sechs Wochen gesäugt und dann langsam entwöhnt werden. Zu diesem Zweck wird ab einem Alter von etwa einem Monat nach der Milchmahlzeit eine kleine Menge Welpenfutter gereicht. Die meisten Züchter bieten alternative Milchsorten und kleine Fleischmahlzeiten an, um die Entwöhnungszeit zu verkürzen.
Im Alter von sieben bis acht Wochen sollte der Welpe vollständig entwöhnt sein und mit einem speziellen Futter für Welpen ernährt werden. Ab der dritten bis

Belohnen Sie Ihren Saluki nur mit Leckerchen, die speziell für Hunde gedacht sind! Alles andere könnte zu Verdauungs- oder gar Gesundheitsproblemen führen.

Futtervorlieben

Die Auswahl des besten Fertigfutters ist schwierig. Auch die Ernährungswissenschaftler sind sich nicht über die ideale Nährstoffzusammensetzung einig (Proteine, Fett, Faserstoffe, Feuchtigkeitsgehalt, Rohasche, Cholesteringehalt, Mineralstoffe und andere). Alle stimmen aber darin überein, dass eine ausgewogene Ernährung wichtig ist. Jeder Hund muss dabei als Individuum betrachtet werden. Sein Gewicht, sein Alter und seine Aktivität müssen gleichermaßen in die Überlegung einfließen. Das Beste ist, sich auf die Empfehlung des Tierarztes zu verlassen, denn die Ernährungsansprüche Ihres Hundes ändern sich auch während seiner Lebenszeit.
Wenn Ihr Hund ein gutes Alleinfutter erhält, sollte auf Fleisch- oder Gemüsezusätze weitgehend verzichtet werden. Manche Hunde mögen allerdings etwas Abwechslung. Sie können ihm dann einfach eine andere Geschmacksrichtung anbieten oder das Trockenfutter in Brühe einweichen.

vierten Woche sind erste Zufütterungen ratsam. Ein leicht verdauliches Welpenfutter – mit etwas Welpenmilch verdünnt – ist hier die beste Wahl. Der Welpe wächst in seinem ersten Lebensjahr sehr schnell, deshalb ist die Qualität der Ernährung besonders wichtig. Sollten Sie Fragen zur Ernährung Ihres Saluki haben, wenden Sie sich an Ihren Züchter oder Ihren Tierarzt.

Das Welpen- und Juniorfutter sollte generell ausgewogen und mit ausreichenden Mengen an Vitaminen, Mineralstoffen und Proteinen angereichert sein, damit zusätzliche Nahrungsergänzungen nicht nötig sind. Die tägliche Futterration sollte beim Welpen auf drei bis vier Mahlzeiten verteilt werden. Erst in einem Alter von zehn bis zwölf Monaten können Sie das Futter auf eine Sorte für erwachsene Hunde umstellen.

Die Ernährung des erwachsenen Hundes

Ein Hund wird als ausgewachsen bezeichnet, wenn er körperlich aufgehört hat zu wachsen. Gewöhnlich liegt dieser Zeitpunkt vor dem geistigen Erwachsensein. Bei Ihrem Saluki können Sie im Alter zwischen zehn und zwölf Monaten das Futter auf eine Ernährung für erwachsene Hunde umstellen. Sind Sie sich bei der Nahrungsumstellung unsicher, fragen Sie Ihren Tierarzt um Rat. Die meisten Hersteller von Hundefutter sind auf diese Futtersorten spezialisiert. Das Angebot scheint schlichtweg unüberschaubar. Sie müssen sich eigentlich nur noch für eine Sorte entscheiden, die den Ansprüchen Ihres Hundes am besten entspricht. Ein aktiver Hund stellt andere Ansprüche als ein eher ruhiger.

Salukis sind wie alle Windhunde sehr gute Futterverwerter und brauchen recht wenig Futter, besonders wenn die gewählte Sorte einen hohen Fett- und

Achten Sie aufs Gewicht!

Eine ausgewogene Ernährung ist wichtig für die Gesundheit Ihres Hundes. Viele Halter füttern ihre Hunde mit unnützen Beigaben:

- Das Hinzufügen von Milch, Joghurt oder Käse scheint eine gute Idee zu sein, um die Gesundheit des Fells und der Haut zu stärken, aber Molkereiprodukte sind sehr fetthaltig und können Durchfall verursachen.
- Eine fettreiche Nahrung führt bei Hunden zwar nicht zu Herzanfällen, kann aber zu Gewichtsproblemen führen, auch wenn dies bei Windhunden selten der Fall ist.
- Glauben Sie nicht, Ihr Hund hört zu fressen auf, wenn er keinen Hunger mehr hat. Einigen Salukis müssen die Portionen gut eingeteilt werden, damit sie eine gute Figur behalten.

Wussten Sie schon?

Das Aussehen, der Geruch und die Konsistenz des Hundekotes geben wertvolle Hinweise auf die Verträglichkeit des Futters. Ein gesunder Hund setzt üblicherweise ein- bis zu zweimal am Tag Kot von fester Konsistenz ab, der nicht unangenehm riecht und jedesmal die gleiche Farbe hat.

Proteinanteil besitzt. Beobachten Sie das Fressverhalten Ihres Hundes und kürzen Sie seine Ration, wenn er an Gewicht zunimmt. Der Nahrungsbedarf Ihres Hundes ändert sich bei Ihrem Hund mit seinem Aktivitätslevel, der Jahreszeit und bei Hündinnen mit dem Fruchtbarkeitszyklus.

Die Ernährung des älteren Hundes

Wenn Hunde älter werden, verändert sich auch ihr Stoffwechsel. Der ältere Hund ist gewöhnlich weniger aktiv, bewegt sich langsamer und schläft mehr. Diese Veränderungen in seiner Lebensart und physiologischen Leistungen erfordern auch eine Ernährungsumstellung. Da sich diese Veränderungen langsam vollziehen, sind sie nicht immer leicht zu bemerken. Was Sie dagegen

„Steht mir das Halsband auch wirklich gut?"

Während viele Menschen von ihrem Aussehen besessen sind und ihren Körper im besten Zustand halten, denken viele, dass ihrem Hund ein paar Pfunde zuviel gut stehen. In Wahrheit macht auch Hunde ihr Über- oder Untergewicht krank. Um den Ernährungszustand Ihres Hundes zu überprüfen, streichen Sie ihm mit der Hand über die Rippen. Können Sie diese unter der Speckschicht nicht fühlen, ist er zu dick. Merken Sie jede Rippe deutlich, ist Ihr Hund zu dünn. Ihr Hund ist optimal in Form, wenn Sie auf jeder Seite drei Rippen andeutungsweise sehen können. Von oben betrachtet, sollte die Silhouette Ihres Hundes in etwa einer Sanduhr entsprechen, die in der Mitte dünner ist und zu beiden Enden hin deutlich kräftiger wird.

Futter auf Getreidebasis

Viele Futtersorten für erwachsene Hunde werden auf der Grundlage von Getreide hergestellt. Daran ist nichts auszusetzen, solange das Futter kein Sojamehl enthält, denn Sojamehl enthaltende Futterarten verursachen häufig Blähungen. Derartige Futtersorten sind allerdings oftmals die preiswertesten und qualitativ genauso gut wie das teuerste Futter auf Fleischbasis.

Es gibt viele Situationen, in denen Ihr Hund eine spezielle Ernährung benötigen könnte. Allerdings sollten Sie die Entscheidung über solche speziellen Ansprüche stets mit Ihrem Tierarzt absprechen.

Womit füttern Sie Ihren Hund?

Beachten Sie die Inhaltsangaben Ihres Hundefutters. Viele Hersteller geben nur 50 bis 55 % der Inhaltsstoffe an und lassen die restlichen 45 bis 50 % ohne Angaben unter den Tisch fallen.

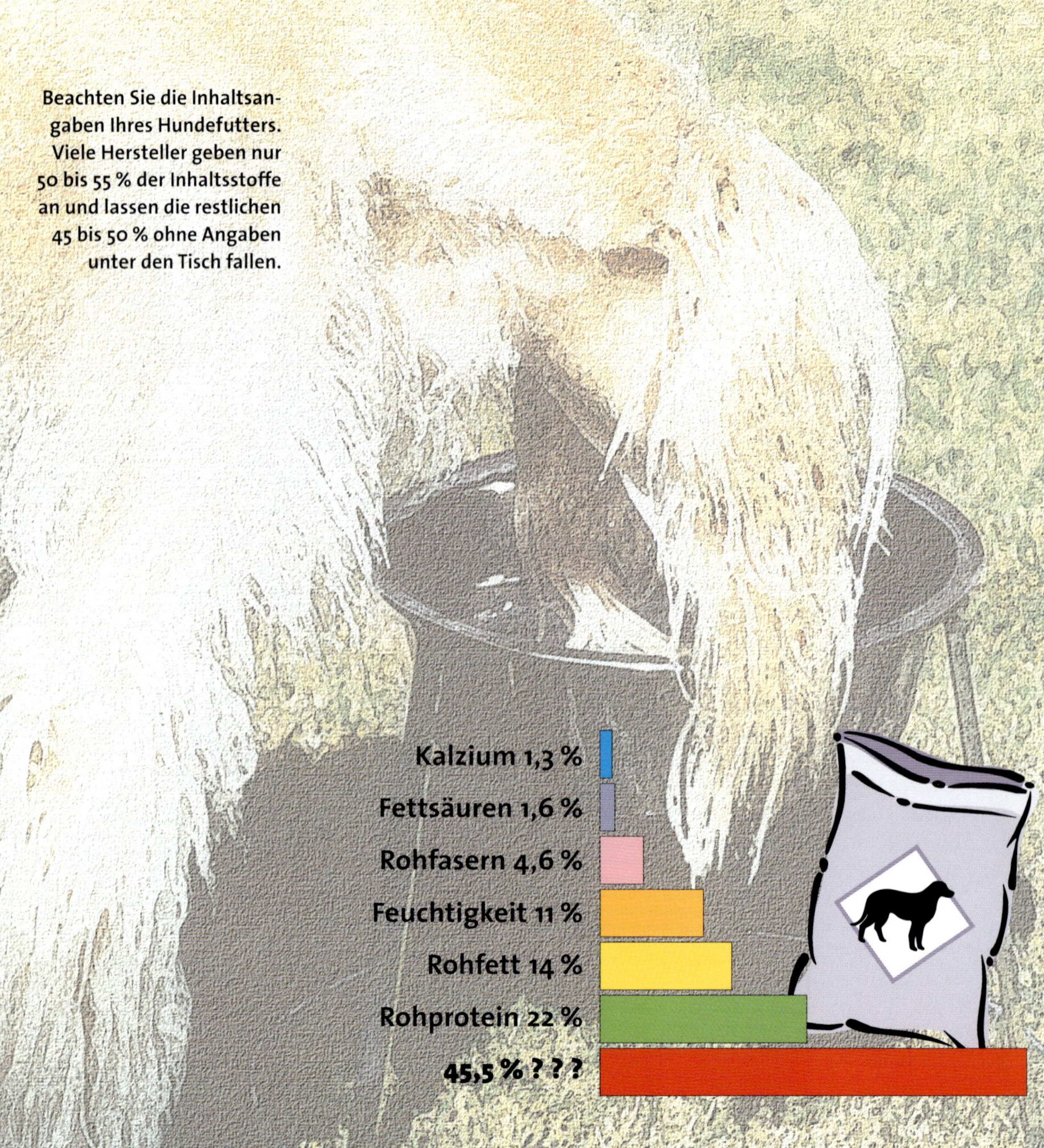

einfach und schnell feststellen werden, ist eine Gewichtzunahme Ihres Hundes. Wenn Sie Ihren Hund bei einem verlangsamten Stoffwechsel weiterhin gleich füttern, nimmt er automatisch zu. Übergewicht fördert bei einem älteren Hund jene Gesundheitsprobleme, die mit dem natürlichen Prozess des Älterwerdens in Verbindung stehen. Wenn Ihr Hund älter wird, lässt auch die

Der Feinschmecker

Hunde bevorzugen keine frischen Knochen, sondern mögen sie am liebsten gut abgehangen. Wenn Sie einen Garten besitzen, geben Sie Ihrem Hund den Knochen draußen, damit er seine Delikatesse an einem geeigneten Ort vergraben kann. Er wird nun so lange warten, bis der Knochen das richtige Alter zum Verzehr erreicht hat, ähnlich wie ein guter Wein lagern muss, oder Sie Ihr Steak gerne englisch, medium oder durchgebraten haben möchten.

Generell ist das Verfüttern von Knochen eine strittige Frage. Genau wie rohes Fleisch, kann auch ein roher Knochen Parasiten enthalten, weswegen Sie ihn unbedingt abkochen sollten. Aber auch robuste Rinderknochen können im ungünstigen Fall so zersplittern, dass sich Ihr Hund an den Stücken schwere innere Verletzungen zufügen kann. Auch wenn es viele Hundehalter gibt, die ihren Hunden seit Jahren Knochen füttern, ohne jemals ein Problem damit gehabt zu haben, ist es doch nicht ganz risikolos. Kauknochen aus der Zoohandlung sind ein guter Ersatz.

Fütterungstipp

- Das Hundefutter muss Zimmertemperatur haben. Ein Napf mit frischem Wasser ist selbstverständlich, vor allem wenn Sie Trockenfutter füttern.
- Füttern Sie Ihren Hund niemals am Tisch, während Sie essen. Füttern Sie Ihren Hund niemals mit Essensresten, die oft zu fett oder stark gewürzt sind.
- Hunde müssen ihr Futter kauen, dabei sind harte Pellets ideal, Suppen und Brei sollten Sie vermeiden.
- Fügen Sie einem kompletten Fertigfutter nicht wahllos irgendwelche Zusätze hinzu, denn damit verändern Sie die Ausgewogenheit dieser Produkte.
- Außer einer gesundheits- oder altersbedingten Umstellung braucht der Hund keine große Abwechslung in der Ernährung. Hunde können jeden Tag das gleiche Futter bekommen, ohne davon krank zu werden.

Einige Saluki-Besitzer schützen die langen Haare an den Ohren ihrer Hunde vor dem Fressen mit einer Mütze.

Rassen mit einem tiefen Brustkorb wie der Saluki profitieren von erhöht aufgestellten Fress- und Wassernäpfen. Die Hunde müssen sich nicht so tief beugen, was einer Magendrehung vorbeugt.

Funktionsfähigkeit der meisten Organe nach. Die Nieren arbeiten langsamer, und die Verdauung ist auch nicht mehr so effektiv. Diesen Umständen begegnen Sie am besten mit einer Ernährungsumstellung – kleineren Portionen und einer neuen Futtersorte.

Haben Hunde Geschmacksnerven?

Wenn Sie manchmal beobachten, wie Ihr Hund sein Fressen einfach zu verschlingen scheint, fragen Sie sich, ob er überhaupt etwas schmeckt. Hunde haben von Geburt an ausgebildete Geschmacksnerven, die zwischen süß, salzig und sauer unterscheiden können.

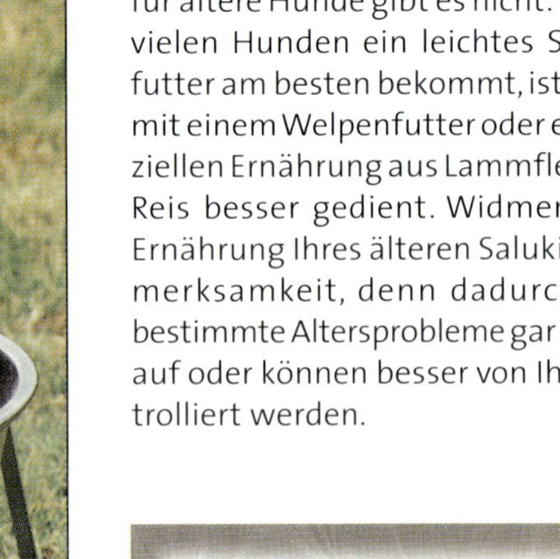

So etwas wie die „optimale Ernährung“ für ältere Hunde gibt es nicht. Während vielen Hunden ein leichtes Seniorenfutter am besten bekommt, ist anderen mit einem Welpenfutter oder einer speziellen Ernährung aus Lammfleisch und Reis besser gedient. Widmen Sie der Ernährung Ihres älteren Saluki viel Aufmerksamkeit, denn dadurch treten bestimmte Altersprobleme gar nicht erst auf oder können besser von Ihnen kontrolliert werden.

So wichtig ist Wasser

Wasser macht bei Hunden und Menschen, so wie bei den meisten lebenden Organismen, den Hauptanteil beinahe jedes Körperteils aus. Wir setzen das Vorhandensein von Wasser als selbstverständlich voraus, dabei wäre ohne Wasser kein uns bekanntes Leben möglich.

Hunde benötigen Wasser, um ihren biochemischen Haushalt aufrecht zu erhalten. Wasser, das sie vor allem durch Hecheln verlieren, müssen sie wieder aufnehmen. Hunde können nicht so wie wir Menschen schwitzen, sie müssen hecheln, um ihren Körper abzukühlen. Dabei verdunstet das lebenswichtige Wasser. Menschen verlieren beim Schwitzen neben anderen Stoffen auch wichtige Elektrolyte, Hunde verlieren nur Wasser.

Eine ausreichende Versorgung mit Wasser ist immer wichtig, besonders aber an heißen und schwülen Tagen oder wenn Ihr Hund trainiert oder hart arbeitet.

Wasser

Neben einem ausgewogenen und nährstoffreichen Futter braucht Ihr Hund Wasser. Wasser sorgt für die korrekte Feuchtigkeitsversorgung des Körpers und sichert die normalen Körperfunktionen. Während der Erziehung zur Stubenreinheit ist es wichtig, dass Sie die von Ihrem Welpen aufgenommene Wassermenge kontrollieren, trotzdem sollte er jederzeit Zugriff auf frisches Trinkwasser haben. Dies ist besonders wichtig, wenn Sie ihn mit Trockenfutter ernähren. Der Wassernapf sollte stets sauber sein und das Wasser regelmäßig gewechselt werden.

Achten Sie drauf!

Binden Sie Ihren Hund niemals mit seiner Leine an einem Baum oder einem Pfosten fest, damit er sich etwas bewegen kann! Dies kann zu aggressivem Verhalten führen, da die meisten Hunde von Natur aus einen Beschützertrieb in sich tragen.

Gibt es etwas Eleganteres als einen Saluki, der mit Höchstgeschwindigkeit über die Rennbahn jagt? Wenn Sie dieses Bild sehen, wissen Sie, wie viel Auslauf diese Rasse benötigt!

Futterumstellungen

Sie wissen als Halter sehr gut, wie wichtig eine abwechslungsreiche, aber gleichbleibende Ernährung Ihres Hundes ist. Manchmal werden Sie aber gezwungen sein, die Ernährung Ihres Hundes beispielsweise im Urlaub schnell umzustellen. Bei manchen Hunden kann das Verdauungsstörungen verursachen. Um dies zu vermeiden, können Sie das Futter langsam umstellen, indem Sie über eine Woche jeden Tag einen größeren Teil des alten Futters gegen das neue austauschen, bis Ihr Hund nur noch das neue Futter in seinem Fressnapf hat.

Bewegung

Salukis sind wesentlich aktiver als viele andere Rassen. Sie sind sehr energiegeladen und benötigen täglich viel Auslauf – am besten sind lange Ausläufe ohne Leine in einem sicheren Gebiet. Ihrem ursprünglichen Jagdhundinstinkt folgend, werden viele Salukis jedoch allem hinterherrennen, was ihnen über den Weg läuft, von einer kleinen Maus bis zur Katze des Nachbarn oder auch einem

Ihr Zoohändler hat eine große Auswahl an Pflegeutensilien. Dort werden Sie das geeignete Zubehör bestimmt finden.

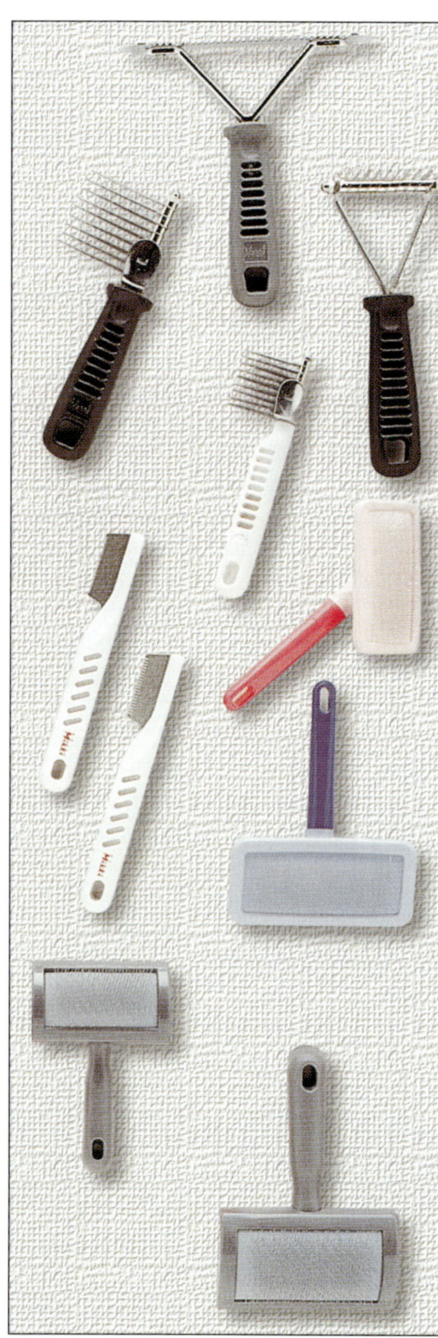

frei lebenden Hirsch oder Schwein. Wenn sie erst mit der Jagd begonnen haben, sind sie für Ihre Kommandos kaum mehr empfänglich. Am besten geben Sie Ihrem Saluki beim kontrollierten Freilauf, dem Spiel mit Artgenossen und auf organisierten Rennen und Wettkämpfen die Möglichkeit seine Energie abzubauen. Auch wenn Übergewicht bei dieser Rasse selten ist, bedenken Sie, dass einem übergewichtigen Hund niemals ohne Vorbereitung größere körperliche Anstrengungen zugemutet werden dürfen. Trainieren Sie ihn langsam und führen ihn so an seine Wettkampfform heran. Die tägliche Bewegung ist nicht nur für das körperliche, sondern auch das geistige Wohl von Hund und Halter wichtig.

Die Körperpflege

Fellpflege

Für die Fellpflege Ihres Saluki können Sie eine Bürste mit kurzen, weichen Naturborsten oder einen Noppenhandschuh verwenden. Mit dem täglichen Bürsten entfernen Sie abgestorbene Haare und regen die Hautdrüsen gleichzeitig zur Talgproduktion an. Das Fell Ihres Hundes erhält ein glänzendes und gesundes Aussehen. Auch wenn das Fell des Saluki kurz und dicht ist, sollten Sie täglich etwa fünf Minuten für die Pflege einrechnen. Der langhaarige Schlag benötigt etwas mehr Aufmerksamkeit bei der Pflege, obwohl das seidige Haar nicht allzu schnell verfilzt. Die regelmäßige Fellpflege ist gleichzeitig eine gute Gelegenheit, mit Ihrem Hund etwas Zeit zu verbringen. Viele Hunde lieben es gebürstet zu werden und freuen sich jeden Tag erneut auf diese angenehme Behandlung.

Pflegezubehör

Hier einige Beispiele, welche Hilfsmittel für die Körperpflege Ihres Hundes nützlich sind:

- Naturborstenbürste
- Drahtbürste
- Metallkamm
- Schere
- Föhn
- Gummimatte
- Hundeshampoo
- Ohrreiniger
- Watteballchen
- dicke Handtücher
- Krallenschneider

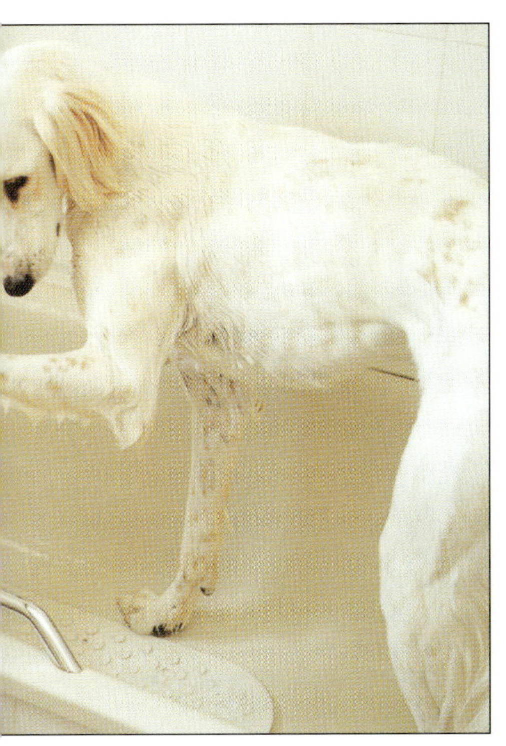

Hunde müssen nicht so oft wie Menschen baden. Verwenden Sie unbedingt nur spezielle Shampoos für Hunde.

Baden

Hunde müssen nicht so häufig und regelmäßig baden wie Menschen, jedoch trägt auch bei ihnen das Baden zur Gesunderhaltung der Haut und zu einem schönen, glänzenden Fell bei. Auch hier gilt, je früher Sie Ihren Welpen mit dem Gebadetwerden vertraut machen, desto unproblematischer ist dies beim erwachsenen Hund. Sie wollen doch, dass Ihr Hund sein Bad genießen kann und nicht jedes Bad für Sie, Ihre Wohnung und Ihren Hund zu einem nassen und seifigen Alptraum wird.

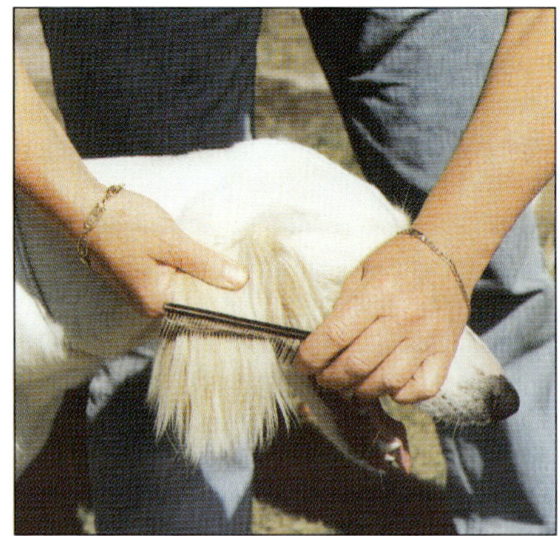

Kämmen Sie die langen Haare an den Ohren und am restlichen Körper vorsichtig mit einem feinzahnigen Kamm.

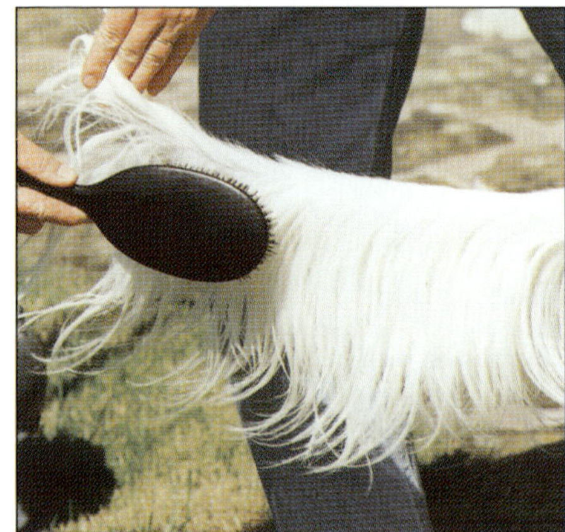

Zur Pflege der Rute des Saluki können Sie eine Bürste verwenden.

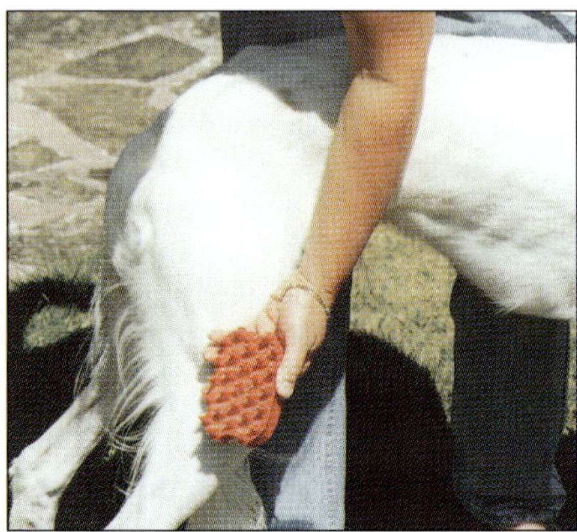

Diese spezielle Bürste massiert die Haut Ihres Saluki während Sie sein Fell bürsten. Dies macht die Fellpflege für Ihren Hund besonders angenehm.

Bevor Sie Ihren Hund baden, sollten Sie sein Fell gründlich durchbürsten, damit Verfilzungen und Verknotungen entfernt werden, was bei nassem Fell bedeutend schwieriger ist. Stellen Sie Ihren Hund beim Baden auf eine rutschfeste Unterlage. Nun wird zuerst das Fell mit einem Duscharm oder einem Gartenschlauch durchnässt. Achten Sie darauf, dass das Wasser handwarm ist. Nun tragen Sie das Shampoo auf, verteilen es gut und massieren es gleichmäßig ins Fell. Verwenden Sie nur ein spezielles rückfettendes Hundeshampoo und keines für menschliche Haare. Nachdem der Körper eingeseift ist, wird der Kopf gewaschen, wobei darauf zu achten ist, dass kein Wasser oder Shampoo in die Ohren gelangt. Bei dieser Gelegenheit können Sie auch gleich die Haut Ihres Hundes auf Beulen, Parasitenbisse und andere Abnormitäten hin abtasten. Baden Sie den Hund im wahrsten Sinne des Wortes von Kopf bis Pfote und lassen Sie auch die schlechter erreichbaren Körperpartien nicht aus.

Nachdem Ihr Hund rundherum eingeseift ist, muss das Shampoo gründlich ausgespült werden. Im Fell verbleibende Shampooreste führen zu Hautreizungen. Auch hierbei müssen Augen und Ohren vor dem Seifenwasser geschützt werden. Nach dem Bad sollten Sie sich darauf gefasst machen, dass sich Ihr Hund ausgiebig schütteln wird, um so das Wasser aus dem Fell zu schleudern. Dies sollte bevorzugt im Freien geschehen. Falls Sie Ihren Hund nicht im Garten gebadet haben, wickeln Sie ihn in ein dickes Handtuch ein und tragen ihn zum Schütteln nach draußen. Achten Sie darauf, dass er sich nicht erkältet!

Reinigung der Ohren

Die Ohren eines Hundes sollten stets saubergehalten und die Haare in den Ohren zurückgeschnitten werden. Sie können mit einem Watteball und speziellem Reinigungsmittel oder auch mit Ohrpuder für Hunde gesäubert werden. Achten Sie dabei aufmerksam auf jegliche Anzeichen für Infektionen oder einen Ohrmilbenbefall. Wenn Ihr Saluki häufig seinen Kopf schüttelt oder sich an den Ohren kratzt, ist das gewöhnlich ein Zeichen für ein gesundheitliches Problem. Verströmen die Ohren einen ungewöhnlichen Geruch, ist das ein klarer Hinweis auf einen Milbenbefall oder eine Infektion, weshalb umgehend ein Tierarzt zu Rate gezogen werden sollte.

Das Beschneiden der Krallen

Ihr Saluki sollte so früh wie möglich daran gewöhnt werden, sich ohne Gegenwehr die Krallen beschneiden zu lassen, denn diese Prozedur stellt einen festen Bestandteil seiner lebenslangen Körperpflege dar. Abgesehen davon, dass die Pfoten so besser aussehen, ist es eher eine Sicherheitsmaßnahme, denn lange Krallen stellen für Sie und Ihre Familie eine unnötige Verletzungsgefahr dar. Außerdem kann sich Ihr Hund eine lange Kralle viel schneller an- oder ausreißen, und darüber hinaus lassen lange Krallen die Zehen weit auseinander stehen. Eine gute Faustregel ist die, dass wenn Sie die Krallen Ihres Hundes beim Laufen auf dem Boden hören können, es Zeit zum Beschneiden ist.

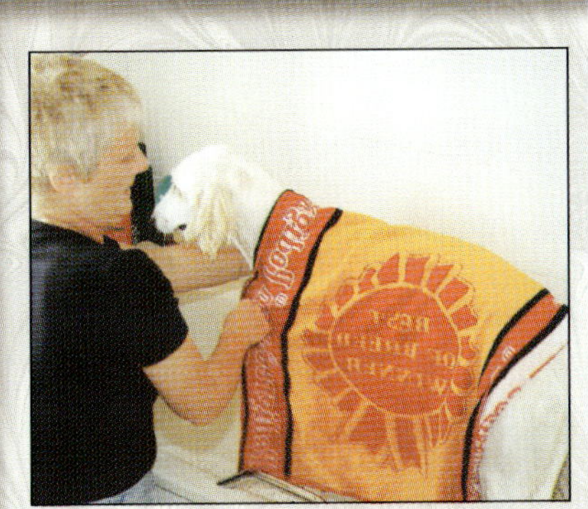

Seif mich ein!

Der Gebrauch von für den Menschen bestimmten Seifenprodukten kann der Haut und dem Fell Ihres Hundes ernsthaft schaden. Diese Produkte sind zu scharf und zerstören den Säureschutzmantel der Haut, der den Hund widerstandsfähig gegen Witterungseinflüsse macht. Ihr Hund braucht nur dann ein Bad, wenn sein Fell schmutzig ist oder der Tierarzt aus gesundheitlichen Gründen medizinische Bäder verordnet.

Identitätskrise!

Sie wissen bestimmt, wie wichtig für Ihren Hund eine ausgewogene Ernährung, ausreichende Bewegung und ein sicheres Zuhause sind. Sind Sie sich aber auch bewusst, wie wichtig seine Erkennungsmarke am Halsband ist? Wenn Ihr Hund einmal verloren gehen sollte, enthält die Erkennungsmarke so wichtige Daten wie Ihren Namen, Ihre Telefonnummer und Adresse. Dies ist der schnellste Weg für den Finder Ihres Hundes, ihn sicher an Sie zurückzugeben. Die Erkennungsmarke sollte Ihr Hund immer tragen.

Bei dunklen Krallen ist die Ader oft nicht zu erkennen. Knipsen Sie sie stückchenweise ab oder gebrauchen Sie eine Feile.

Bei hellen Krallen ist das Beschneiden viel einfacher, denn die Ader in der Kralle ist gut zu erkennen.

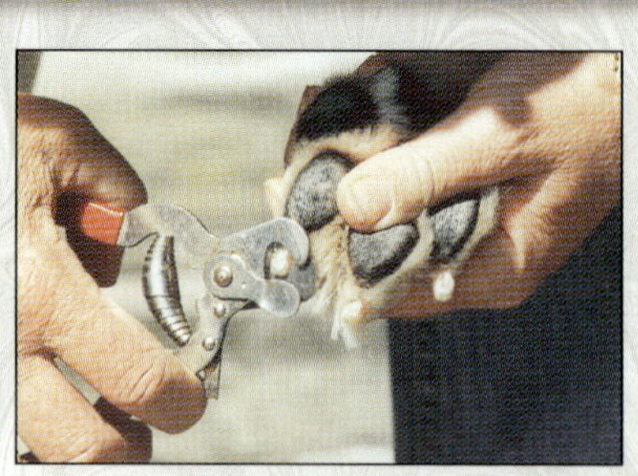

Tipps zur Krallenpflege

Ein Hund, der viel Zeit im Freien verbringt und auf harten Oberflächen läuft, wetzt sich seine Krallen auf natürliche Weise ab, wodurch das Beschneiden der Krallen meistens nur in den kalten Wintermonaten nötig wird, wenn der Hund seltener im Freien ist. In jedem Fall aber ist es ratsam, Ihren Hund bereits als Welpen an diese Prozedur zu gewöhnen. Viele Hunde reagieren auf die Berührung ihrer Pfoten sehr empfindlich. Werden sie jedoch von klein auf daran gewöhnt, sollte es auch in Zukunft keine Probleme damit geben.

Bevor Sie nun drauflosschneiden, sollten Sie sich davon überzeugen, dass Sie die Ader in jeder Kralle deutlich sehen können. Diese Ader verläuft in der Mitte jeder Kralle und reicht bis in die Nähe der Krallenspitze. Wenn diese Ader versehentlich beim Krallenschneiden verletzt wird, kommt es zu einer starken Blutung. Da dabei empfindliche Nervenenden verletzt werden, verursachen Sie Ihrem Hund auch noch Schmerzen. Es ist deshalb empfehlenswert, während des Krallenbeschneidens für den Not-

Krallenfeilen

Sie können anstatt eines herkömmlichen Krallenschneiders auch eine elektrische Krallenfeile kaufen. Manche Hunde, die anscheinend Angst vor einem Krallenschneider haben, reagieren sehr positiv auf eine Feile. Fragen Sie im Zweifelsfall Ihren Tierarzt nach geeigneten Artikeln.

fall etwas blutstillende Watte oder einen entsprechenden Puder zur Hand zu haben. Es ist wichtig, dass Ihr Hund bei dieser Prozedur still sitzt, denn jede plötzliche Bewegung wie das Wegziehen der Pfote oder Aufspringen stellen eine Verletzungsgefahr dar. Reden Sie mit Ihrem Hund in ruhigem und sanftem Ton, halten Sie dabei eine Pfote fest in einer Hand und beschneiden Sie die Krallenspitzen, eine nach der anderen, mit der freien Hand. Spezielle Krallenschneider für Hunde sind dafür am besten geeignet und in guten Zoofachhandlungen oder auch vom Tierarzt erhältlich.

Eine gute Alternative zum Krallenschneider ist eine Krallenfeile. Sie bekommen im Fachhandel inzwischen auch elektrische Feilen für Hunde. Diese sind oftmals batteriebetrieben, also ohne Elektrokabel, und lassen sich sehr einfach handhaben. Am vorderen Ende des Gerätes können Sie auf einer Rolle entsprechendes Sandpapier anbringen. Der Vorteil der Feile besteht darin, dass Sie die Krallen wesentlich feiner kürzen können und es so kaum noch zu blutigen Unfällen kommen kann.

Reisen mit Ihrem Hund

Autofahren

Ihr Hund sollte sich bereits als Welpe an das Fahren im Auto gewöhnen. Auch wenn Sie nicht häufig mit Ihrem Hund im Auto fahren, so müssen Sie doch hin und wieder mit ihm zum Tierarzt, und diese Ausflüge sollen für den Hund und Sie nicht zu einer Tortur werden. Der sicherste Platz für Ihren Hund im Auto ist seine Box. Sie können zu dem Zweck dieselbe Box verwenden, die Ihrem Hund auch zu Hause zur Verfügung steht.

Stellen Sie die Box im Auto auf die Rückbank, fixiert mit Sicherheitsgurten, setzen Sie Ihren jungen Hund hinein und beobachten Sie seine Reaktion. Wenn ihm diese Situation nicht zu behagen scheint, kann ihn ein mitfahrendes Familienmitglied oder eine andere Person auf dem Schoß halten. Eine weitere Möglichkeit ist der Gebrauch eines speziellen Sicherheitsgeschirrs für Hunde, das den Hund ähnlich wie ein Sicherheitsgurt auf seinem Platz festschnallt. Lassen Sie den Hund niemals frei im Auto herumlaufen, denn dies ist ausgesprochen gefährlich! Wenn Sie scharf bremsen, fliegt Ihr

Reisen im Auto

Wenn Sie sich mit Ihrem Hund auf eine längere Autoreise begeben, informieren Sie sich vorher, ob in Ihrem Hotel Hunde erlaubt sind. In vielen Hotels ist das nicht der Fall. Es wäre ärgerlich, wenn Sie lange fahren, um dann festzustellen, dass Sie in dem entsprechenden Hotel nicht mit Ihrem Hund bleiben können.

Während der Autofahrt ist Ihr Saluki in seiner Box am besten aufgehoben. Dies ist der sicherste Weg für alle: Ihren Hund, die Insassen und Sie!

Hund wie ein Geschoss durch das Auto und kann sich und andere schwer verletzen. Klettert er während der Fahrt zu Ihnen, werden Sie nur schwer auf die Straßenführung und den Verkehr achten können – eine gefährliche und unfallträchtige Situation für alle.
Auf längeren Reisen müssen Sie regelmäßig anhalten, damit sich Ihr Hund

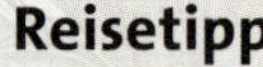

Reisetipp

Lassen Sie Ihren Hund in Pausen während der Fahrt niemals ohne Leine am Rastplatz herumlaufen. Er kennt das Gelände genauso wenig wie Sie, könnte einen Schreck bekommen und weglaufen oder sich entscheiden, einer vorbeikommenden Katze hinterherzujagen – und Sie sehen Ihren Hund vielleicht nie wieder.

erleichtern kann. Zu diesem Zweck sollten Sie alles Nötige bei sich haben, um die Hinterlassenschaften zu entfernen. Für den Fall, dass Ihr Hund im Auto einen „Unfall“ hat oder reisekrank wird, sollten Sie alte Handtücher oder alte Putzlappen und etwas Reiniger bei sich haben.

Flugreisen

Für eine Flugreise mit Ihrem Hund müssen Sie sich zeitig vor Reiseantritt mit der betreffenden Fluggesellschaft in Verbindung setzen, da meist spezielle Vorbereitungen getroffen werden müssen. Es ist keineswegs ungewöhnlich, dass Hunde im Flugzeug reisen, jedoch muss die Genehmigung der Gesellschaft vorliegen. Der Hund wird gewöhnlich in einer Fiberglasbox transportiert. Sie dürfen Ihre eigene benutzen oder müssen eine von der Fluggesellschaft mieten.

Legen Sie das Lieblingsspielzeug Ihres Hundes mit in die Box. Der Hund darf mindestens sechs Stunden vor Abflug nicht gefüttert werden und sollte sich beim Trinken so weit wie möglich einschränken. Es ist vorgeschrieben, dass dem Hund auch während des Fluges Wasser zur Verfügung stehen muss.

Stellen Sie sicher, dass Ihr Hund einwandfrei zu identifizieren ist und sich Ihre Kontaktdaten (Name, Telefonnummer und Adresse des Reiseziels) an seinem Halsband und seiner Box befinden. Hunde dieser Größe werden nicht mit den Passagieren transportiert. Es besteht immer ein gewisses Risiko, dass Sie durch einen dummen Zufall von Ihrem Hund getrennt werden.

Aufenthalt in der Hundepension

Sie wollen Urlaub machen und einmal alle Familienmitglieder nebst Hund dabei haben. Natürlich buchen Sie für jeden Urlaub die Unterkünfte im Voraus. Dies ist besonders wichtig, wenn Ihr Hund mitreist. Sie wollen bestimmt nicht das Risiko eingehen, eine Übernachtung im einzigen Hotel weit und breit einzuplanen, um dann herauszufinden, dass Hunde dort nicht erlaubt sind. Sie sollten keine Zimmer für die Familie buchen, ohne zu erwähnen, dass auch ein Hund mit von der Partie ist. Alternativ dazu könnten Sie sich entschließen, Ihren Hund nicht mit auf die Reise zu nehmen. Das bedeutet, dass Sie sich für die Dauer Ihres Urlaubs um eine Unterkunft für Ihren Hund kümmern müssen. Nun könnten Sie ihn zu einem

Endlich frei!

Einmal ohne Leine zu laufen kann für Ihren Hund ein großer Spaß sein, und er zeigt Ihnen einmal, was Sie alles beim Gehorsamstraining falsch gemacht haben. Wenn Sie Ihrem Hund einmal die Möglichkeit geben wollen, ohne den Leinenzwang zu spielen und mit ihm einmal ohne Leine zu üben, ist der beste Platz hierfür ein eingezäuntes Gelände, in dem Hunde miteinander ihre überschüssigen Energien rauslassen können. Lassen Sie Ihren Hund unbeaufsichtigt herumlaufen, schauen Sie sich auch die anderen Hunde an und halten Sie sich an die Regeln, auch was die Beseitigung der Hinterlassenschaften Ihres Hundes angeht.

Reisetipp

Wie lang eine Autofahrt mit Ihrem Hund auch dauert: Denken Sie immer zuerst an seine und Ihre Sicherheit. Auch auf einer kurzen Fahrt zu Ihrem Tierarzt sollte Ihr Hund genauso sicher in seiner Transportbox untergebracht sein, wie auf einer mehrstündigen Fahrt in den Urlaub.

Wählen Sie für Ihren Saluki ein leichtes Halsband, an dem immer seine Erkennungsmarke befestigt ist!

freundlichen und tierlieben Nachbarn geben, oder dieser könnte vorübergehend bei Ihnen wohnen, um sich intensiver um den Hund zu kümmern. Sie können Ihren Hund aber auch in einer zuverlässigen Hundepension in die Ferien schicken. Sie sollten sich die Hundepension genau ansehen und sich davon überzeugen, dass die dortigen Bedingungen auch Ihren Vorstellungen entsprechen. Sprechen Sie mit den Angestellten und finden Sie heraus, wie die Hunde behandelt werden. Verbringen sie gemeinsame Zeit mit den Hunden, spielen sie mit ihnen und verschaffen sie ihnen die benötigte Bewegung? Erkundigen Sie sich nach den Richtlinien des Zwingers für Impfungen und welche verlangt werden. Diese Richtlinien dienen dem Schutz aller Hunde, denn das Risiko zur Ausbreitung von Krankheiten ist dort, wo viele Hunde zusammen gehalten werden, naturgemäß höher.

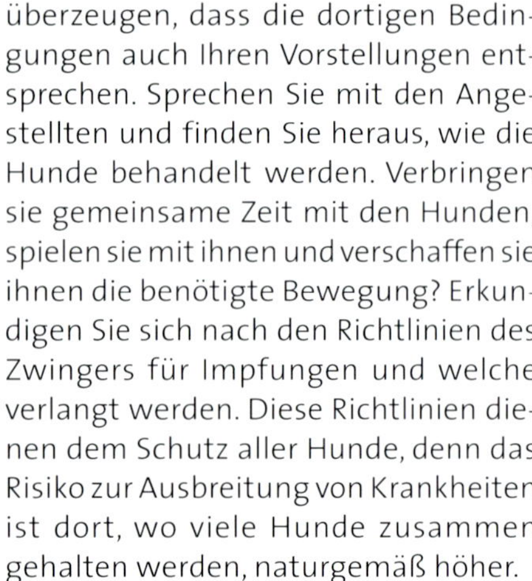

Identifikation

Ihr Hund ist Ihnen ein wertvoller Gefährte und Freund. Aus diesem Grund behalten Sie ihn stets im Auge und haben sichergestellt, dass er nicht aus dem Garten verschwinden oder sich sein Hals-

Identifikation

Achten Sie darauf, dass Ihr Hund beim Spaziergang ständig ein Halsband trägt, an dem ein Anhänger mit Ihrer Adresse befestigt ist. Die Hundemarke darf ebenfalls nicht fehlen. Läuft Ihr Hund weg, sehen die Finder gleich, dass er zu jemandem gehört und nicht herrenlos herumstreunt. In bestimmten Gebieten kann dem Hund ein solcher Anhänger das Leben retten. Das Halsband ist neben einer Tätowierung manchmal die einzige Chance, einen Hund zurückzubekommen. In einer fremden Umgebung finden Hunde meist nicht zu der Stelle zurück, von der sie weggelaufen sind. Führen Sie Ihren Hund in einem unbekannten Gelände besser nur an der Leine Gassi, wenn Sie ihn nicht verlieren wollen.

band samt Erkennungsmarke abstreifen und weglaufen kann. Trotzdem kann es zu unvorhersehbaren Situationen kommen, in denen Sie plötzlich von Ihrem Hund getrennt werden. Wenn es zu einem solch tragischen Unfall kommt, wird Ihr erster Gedanke sein, Ihren Hund so schnell wie möglich wiederzufinden. Eine einfache Identifizierungsmöglichkeit wie eine Marke, eine Tätowierung oder auch ein Mikrochipimplantat erhöht die Chancen, dass Sie Ihren Hund schnell und gesund zurückerhalten.

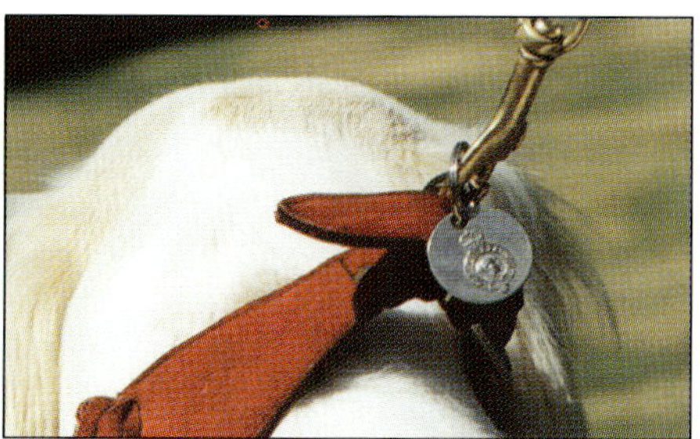

Wussten Sie schon?

Welpen haben – ganz abgesehen von dem ideellen Wert, den sie für ihren Halter darstellen – durchaus einen finanziellen Wert. Es besteht die Gefahr, dass sie gestohlen werden. Das übliche Namensschild am Halsband ist leicht zu entfernen, deshalb muss Ihr Hund zusätzlich dauerhaft gekennzeichnet sein. Hierfür stehen Ihnen zwei Methoden zur Verfügung: die Kennzeichnung mit Mikrochips und das Tätowieren der Hunde. Jeder im Bereich des VDH gezüchtete Hund ist mit seiner Zuchtbuchnummer im Ohr tätowiert; in anderen Fällen spricht nichts dagegen, seinen Hund mit einer anderen Nummer tätowieren und registrieren zu lassen. Wenn professionelle Hundefänger einen so gekennzeichneten Hund sehen, verlieren sie üblicherweise das Interesse, da Versuchslabors tätowierte Hunde in der Regel nicht kaufen. Die modernere Methode ist das Implantieren eines Mikrochips. Der Chip ist nicht größer als ein Reiskorn. Auf ihm ist elektronisch eine bestimmte Registriernummer gespeichert. Er wird mittels einer Injektionsnadel unter der Haut des Hundes platziert. Wenn der entlaufene Hund dann bei einem Tierarzt oder im Tierheim abgegeben wird, kann er mit Hilfe des Chips identifiziert werden. Mit einem Lesegerät wird die Nummer festgestellt, und über ein zentrales Register werden die Daten des Hundes abgefragt. Das Tätowieren wird oft von den Zuchtwarten der Vereine, die Implantation eines Mikrochips von Tierärzten durchgeführt.

Manchmal werden Sie Ihren Hund in eine Pension geben müssen. Wählen Sie diese gut aus und achten Sie auf Sauberkeit und wie die Angestellten mit den Hunden umgehen, damit auch Sie sich völlig sicher fühlen können.

Bringen Sie Erkennungsmarke gut sichtbar am Halsband an.

Die Erziehung Ihres Saluki

Wussten Sie schon?

Für den Hund entsprechen Ihre Hände seiner Schnauze: Sie halten fest, liebkosen, wehren ab und vieles mehr. Es ist also eine völlig natürliche Reaktion, dass er Sie zwickt, wenn Sie ihn beispielsweise grob anfassen – und keinesfalls echte Aggressivität! Und obwohl Beißen grundsätzlich nicht akzeptabel ist: Zuallererst müssen Sie lernen, mit Ihrem Hund richtig umzugehen.

Mit einem nicht erzogenen Hund zu leben, ist auf Dauer genauso unbefriedigend, wie ein Klavier zu besitzen, ohne es spielen zu können: Es ist zwar schön anzusehen, mehr aber auch nicht. Nehmen Sie jedoch Klavierstunden, erwacht es plötzlich zum Leben und produziert Töne und Rhythmen, die Ihr Herz zum Singen und Ihren Körper zum „Swingen" bringen. Ähnlich ergeht es Ihnen mit Ihrem Saluki. Ein Hund bedeutet eine große Verantwortung, und Sie müssen Ihren Saluki erziehen, wenn Sie nicht wollen, dass er ein inakzeptables Verhalten entwickelt. Auch wenn einige Hundehalter die Ansicht verteten, der Saluki sei ein „Geschenk Allahs" und sich so von ihrer Verantwortung befreien wollen, den Hund zu erziehen, denn er soll „frei" sein. Aber was bedeutet dieses „Freisein"? Soll Ihr Hund tun können, was er will? Einfach davonlaufen? Ihre Einrichtung zerstören? Sie wollen Ihren Hund doch überall hin mitnehmen, sie wollen ihn auch gelegentlich allein zu Hause lassen, vielleicht muss er auch von Zeit zu Zeit bei Freunden untergebracht werden – all dies ist ist nur mit einem wohlerzogenen Hund möglich. Es führt kein Weg drumherum: In unserer Gesellschaft muss ein Hund – egal welcher Rasse er angehört – erzogen werden.

Als Hunde-Neuling könnten Sie sich und Ihren Hund beispielsweise bei einem Erziehungskurs anmelden. Dort lernen Sie, ihn zu erziehen, indem Sie selbst lernen, warum er sich so und nicht anders verhält. Finden Sie heraus, wie Sie sich Ihrem Hund verständlich machen können, und lernen Sie, seine Signale an Sie zu erkennen und zu verstehen. Ganz plötzlich sehen Sie Ihren Saluki mit anderen Augen: Er ist klug, interessant und wohlerzogen; er ist nicht länger ein Spielzeug, sondern ein Partner, mit dem zusammen zu sein eine reine Freude ist. Er zeigt Ihnen seine Zuneigung täglich aufs Neue! Mit anderen Worten: Ihr Saluki wirkt Wunder für Ihr Ego; er erinnert Sie permanent daran, dass Sie nicht nur sein Herr, sondern einfach der Größte für ihn sind. Wundersame Dinge haben sich ereignet – Sie haben einen vorbildlichen, allseits beliebten Hund (sogar Ihren Freunden ist seine Verwandlung aufgefallen), und – geben Sie es ruhig zu – Sie sind ein bisschen stolz! Viele Hundeausbilder, die Gehorsamstraining bei Hunden durchführen oder deren Besitzer durch entsprechende Aufklärung dabei unterstützen und anleiten, haben interessante Erkenntnisse gewonnen. Die Erziehung schon im Welpenalter verspricht den besten Erfolg. Das Training von Hunden im Alter zwischen sechs Monaten und sechs Jahren bringt fast das gleiche Ergebnis. Die Besitzer müssen dann akzeptieren, dass ihr Hund in diesem Alter nicht mehr so schnell lernt wie ein Welpe, und ihn mit der nötigen Geduld unterstützen, um seine Fähigkeiten auch jetzt noch voll auszuschöpfen. Leider ist es genau die-

Ernten Sie den Erfolg

Wenn Sie einen gesunden Hund haben und seiner Erziehung genügend Zeit und Geduld widmen, werden Sie sich sein ganzes Leben lang an den Früchten Ihrer gemeinsamen Arbeit erfreuen können. Sie und Ihr Hund werden unsagbar viel Freude an Ihrer Freundschaft haben, die sie gemeinsam mit Liebe, Respekt und Verständnis füreinander aufgebaut haben.

Elterliche Erfahrung

Einen Hund zu trainieren ist eine Erfahrung fürs Leben. Viele Eltern sagen, dass sie vieles von dem, was sie über die Erziehung von Kindern wissen, durch die Pflege ihrer Hunde gelernt haben. Hunde sprechen auf Liebe, Fairness und Führung genauso gut an wie Kinder. Ein guter Hundehalter ist meist ein noch besseres Elternteil.

Fütterungszeit

Die Fütterung Ihres Welpen sollte in entspannter Atmosphäre stattfinden. Richten Sie seinen Fressplatz nicht dort ein, wo es unruhig werden könnte. Geben Sie ihm eine ungestörte Ecke in der Küche oder an einem anderen kühleren Ort, wo er in Ruhe fressen kann und nicht ständig im Weg ist. Lassen Sie nicht zu, dass er von Kindern oder anderen Familienmitgliedern während des Fressens gestört wird.

se Geduld, die so vielen Besitzern unerzogener erwachsener Hunde fehlt.

Das Training von Welpen im Alter von acht bis sechzehn – oder höchstens zwanzig Wochen – ist vergleichbar mit einem trockenen Schwamm, der in ein Wasserbecken gelegt wird: Der Welpe saugt alles auf, was Sie ihm zeigen, und er wartet begierig auf neue Dinge, die er ausprobieren und lernen kann. In diesem Alter wird sein Körper noch nicht von Sexualhormonen gesteuert, und genau darin liegt das Geheimnis des Erfolgs. Ohne den Einfluss dieser Hormone ist er vor allem auf seinen Besitzer konzentriert; sein Interesse an fremden Orten, Hunden oder auch Menschen ist noch wenig ausgeprägt. Sie sind sein Lebensinhalt, Sie geben ihm Futter, Wasser, Schutz und Sicherheit. Deswegen schließt er sich Ihnen an und bleibt auf Schritt und Tritt in Ihrer Nähe. Er wird auf fremde Menschen und Tiere so reagieren, wie er das bei Ihnen beobachtet. Wenn Sie einen Freund herzlich begrüßen, geht er auch freudig auf diese Per-

Erst denken, dann bellen!

Hunde reagieren sehr sensibel auf Stimmung und Gefühle ihres Halters. Setzen Sie Ihre Stimme überlegt ein, wenn Sie mit Ihrem Hund sprechen. Erheben Sie Ihre Stimme nie, wenn Sie nicht verärgert sind und ihn zurecht weisen wollen. Ihr Hund kann Ihr Anblaffen genauso wenig verstehen wie Sie sein Bellen.

son zu; wenn Sie einem Fremden jedoch zögernd oder ängstlich begegnen, wird er sich ebenso verhalten.

Wenn die Produktion von Sexualhormonen beginnt, kommt seine angeborene Neugier zum Vorschein, und er beginnt, die Welt um sich herum intensiv zu erkunden. Besitzer untrainierter Hunde machen die Erfahrung, dass dies der Zeitpunkt ist, ab dem Ihr Hund immer häufiger seine eigenen Wege geht und manchmal sogar Ihre Kommandos ignoriert. Spätestens jetzt sollten Sie anfangen, Ihren Saluki zu erziehen.

Erziehungsratschlag

Ein Hund tut alles, um Ihre Aufmerksamkeit zu erlangen. Wenn Sie Ihren Hund für ruhiges und artiges Verhalten belohnen, wird er sich zu einem Hausgenossen mit guten Manieren entwickeln. Wenn Sie ihn aber immer aufgeregt und überschwänglich begrüßen und ihn zum Herumtoben in der Wohnung animieren, wird aus ihm ein ruheloser, hektischer Hund werden.

Wenn Sie dies nicht tun, wird Ihr Hund Ihnen niemals beweisen können, zu welchen Leistungen er fähig sein kann. In fast jeder Stadt werden von Vereinen oder privaten Hundeschulen Erziehungskurse in Gruppen oder auch für einzelne Hunde angeboten. Nehmen Sie mit Ihrem Saluki an einer Probestunde teil und bilden Sie sich ein Urteil über das Training. Die folgenden Übungen können Sie zusätzlich anwenden.

Wenn Sie die empfohlenen Vorgehensweisen Schritt für Schritt vertrauensvoll befolgen, werden Sie und Ihr Hund durch den mit Sicherheit eintretenden Erfolg belohnt. Ob Ihr Saluki nun ausgewachsen oder noch ein Welpe ist: Die Trainingsmethoden und die Techniken, mit

Hunde sind eben doch nur Hunde – vor allem wenn es ums Fressen geht! Betteln am Tisch und das Stehlen von Futter sollten Sie von Anfang an konsequent unterbinden.

Wussten Sie schon?
Im Grunde sind Hunde die besseren Menschen: Sie sind tolerant, vorurteilsfrei und akzeptieren uns als ihresgleichen. Sie ordnen sich uns sogar unter. Welpen sehen Kinder jedoch als gleichrangig an. Darum ist ihr Verhalten zu Kindern auch deutlich anders als das gegenüber ihrem erwachsenen „Rudelführer".

denen bestimmte Grundverhaltensweisen vermittelt werden, sind dieselben. Eines muss Ihnen von vornherein klar sein: Kein Hund verkraftet eine brutale oder unmenschliche Behandlung. Aber alle Lebewesen sprechen gern auf sanfte, motivierende Methoden an und reagieren besonders auf Lob und Ermunterung. In diesem Sinne: An die Arbeit!

Erziehung zur Stubenreinheit

Jedem Welpen ist beizubringen, sich an einem bestimmten Platz – und nur dort – zu lösen. Denken Sie daran, dass Sie auf öffentlichen Plätzen dafür verantwortlich sind, die Hinterlassenschaften Ihres Hundes zu beseitigen. Am besten haben Sie dafür immer eine kleine Tüte und Papier dabei.

Draußen gibt es die verschiedensten Bodenverhältnisse wie Grasflächen, Erde, Zementflächen und so weiter. Innerhalb der Wohnung wird meist Zeitungspapier empfohlen. Was man Ihnen aber auch immer sagt: Es ist absolut nicht empfehlenswert, Ihren Saluki an das Lösen innerhalb der Wohnung zu gewöhnen! Ein Saluki ist nicht aus Zukker und wird auch bei schlechtem Wetter gerne sein „Geschäft" draußen verrichten. Wenn Sie einmal festgelegt haben, auf welchem Untergrund sich Ihr Saluki lösen soll, dann ist das eine einschneidende Entscheidung, das ist Ihnen hoffentlich klar. Wenn Sie Ihren Hund erfolgreich an Gras gewöhnt haben, und es sich nach zwei Monaten plötzlich anders überlegen, dürfte das für Sie und Ihren Hund eine sehr schwierige und unter Umständen langwierige Umgewöhnung werden.

Achtung!
Während Sie Ihren Hund trainieren, werden Sie auch von ihm erzogen. Er „testet" verschiedene Verhaltensweisen, um Ihre Aufmerksamkeit zu erlangen, und wiederholt, was letztendlich zum Erfolg geführt hat.

Entwicklungsstufen des Hundes

Es ist wichtig zu verstehen, wie und in welchem Alter ein Welpe sich zum erwachsenen Hund entwickelt. Als Welpenbesitzer sollten Sie den nachfolgenden Plan über die verschiedenen Entwicklungsstufen, die ein Junghund durchläuft, zu Rate ziehen, um so herauszufinden, in welcher Phase sich Ihr Welpe gerade befindet. Diese Kenntnis wird Ihnen in den ersten Wochen und Monaten bei der Arbeit mit Ihrem Hund eine große Hilfe sein.

Phase	Alter	Merkmale
Erste bis dritte	Geburt bis 7 Wochen	Der Welpe braucht Futter, Schlaf und Wärme und reagiert auf sanfte Berührung; er braucht seine Mutter, die ihm Sicherheit gibt und ihn erzieht, und seine Geschwister, um den Umgang mit anderen Hunden zu lernen; er lernt Rudelverhalten und die Rangordnung im Rudel zu akzeptieren. Er fängt an, mit Erwachsenen und Kindern Kontakt aufzunehmen und bewusst seine Umgebung wahrzunehmen.
Vierte	8 bis 12 Wochen	Das Gehirn ist voll entwickelt. Jetzt muss die Gewöhnung an die Außenwelt beginnen. Mutter und Geschwister werden immer weniger gebraucht. Kann jetzt vom Hunde- ins Menschenrudel wechseln und begreift schnell die menschliche Dominanz. Von acht bis 16 Wochen hat der Welpe seine „ängstliche" Phase; furchterregende und schmerzhafte Erfahrungen sollten von ihm ferngehalten werden.
Fünfte	13 bis 16 Wochen	Beginn des Gehorsamstrainings. Bringen Sie Ihren Welpen mehr in menschliche Gesellschaft, sorgen Sie dabei weiterhin für positive Erlebnisse. Denken Sie daran: Nun beginnt der Wechsel zum Erwachsensein. Behandeln Sie ihn fest, aber gerecht! Sein Fluchtinstinkt ist jetzt deutlich ausgeprägt. Sowohl zu große Nachgiebigkeit als auch übermäßige Strenge können irreparable Schäden anrichten. Loben Sie ihn bei jeder Gelegenheit!
Junghund	4 bis 8 Monate	Noch eine „ängstliche" Phase im Alter von sieben bis acht Monaten, die zwar schnell vorüber ist, aber dennoch sollte er in dieser Zeit nicht verschreckt werden oder Schmerz erleiden. Die Geschlechtsreife ist erreicht; die wichtigsten Charakterzüge sind gefestigt. Er sollte „Sitz", „Platz", „Komm" und „Bleib" befolgen können.

Anmerkung: Dies ist nur ein ungefährer Zeitrahmen. Einzelne Unterschiede bei den Welpen sind zu berücksichtigen.

Als nächstes sollten Sie sich ein Kommando überlegen, das Sie ausnahmslos jedesmal benutzen wollen, wenn sich Ihr Welpe lösen soll. Häufig gebraucht werden zum Beispiel: „Gassi!“ oder „Mach ein Bächlein!“. Wenn Ihrem Hund das von Ihnen bevorzugte Kommando geläufig geworden ist, machen Sie es sich zur Gewohnheit, ihn immer bevor Sie mit ihm hinausgehen zu fragen: „Musst Du ein Bächlein machen?“ Er wird den Ausdruck wiedererkennen und genau wissen, was auf ihn zukommt. Wenn ihm das Kommando schließlich in Fleisch und Blut übergegangen ist, werden Sie schon an seiner Reaktion auf Ihre Frage erkennen können, ob er wirklich muss oder nicht. Zumindest zeigt Ihr Hund an, ob er mit Ihnen nach draußen will oder nicht. Aufgeregtes Umherlaufen, Schwanzwedeln und Begeisterung bedeuten unverkennbar „Ja!“

Zeitungsteppich

Legen Sie den Schlafplatz Ihres Welpen nicht mit Zeitungspapier aus. Welpen werden gewöhnlich beim Züchter auf Zeitungspapier gehalten, weshalb das Zeitungspapier in Ihrer Wohnung als Löseplatz genutzt wird. Wenn Sie Ihren Welpen auf Zeitungspapier trainieren, verwenden Sie das Papier ausschließlich an dem dafür vorgesehenen Platz. Schränken Sie abends nach der letzten Mahlzeit seine Wasseraufnahme ein. Lassen Sie ihn nur wenige Schlucke trinken – er sollte nach der Fütterung nicht unnötig viel Wasser aufnehmen.

Die üblichen Zeiten

Merken Sie sich folgendes als Faustregel: Ihr Welpe muss sich jedes Mal nach dem Spielen, nach jeder Mahlzeit, nach dem Schlaf und auch jedes Mal dann erleichtern, wenn er Ihnen dies durch unruhiges Schnüffeln und Umherlaufen anzeigt. Seine Blasen- und Darmmuskulatur sind im Welpenalter nur unvollkommen entwickelt und er kann sie noch nicht richtig kontrollieren; deshalb ist dieser häufige Lösedrang beim Welpen – wie auch beim Säugling – ganz natürlich. Geben Sie ihm die Möglichkeit, sich zu lösen, indem Sie öfter mit ihm nach draußen gehen – im Alter von acht Wochen möglichst stündlich und nach den angesprochenen Aktivitäten, mit zunehmendem Alter dann nach und nach seltener. Dem erwachsenen gesunden Hund werden dann drei bis vier diesem Zweck dienende Gelegenheiten, über den Tag verteilt, völlig ausreichen.

Die Unterbringung des Welpen

Da die Unterbringung des Welpen und damit die Möglichkeit, ihn zu kontrollieren, in unmittelbarem Zusammenhang mit einer erfolgreichen Sauberkeitserziehung stehen, sollen zunächst einige diesbezügliche Punkte angesprochen werden, bevor es an die praktischen Übungen geht.

Ihren Welpen in sein neues Zuhause zu bringen und ihn dort sich selbst zu überlassen ist ungefähr so, als wenn Sie ein Kleinkind in einem Fußballstadion alleinlassen und ihm sagen, dies gehöre alles ihm! Es könnte allein die Dimensionen nicht verkraften. Bieten Sie Ihrem Kleinen statt dessen kleinere, überschaubare Bereiche an, in denen er spielen, schlafen, fressen und leben kann. Vorzugsweise den Raum, in dem sich auch der größte Teil Ihres Familienlebens abspielt. Welpen sind Rudeltiere, die sich von Anfang an als Teil des Familienverbandes fühlen müssen. Ihre Stimme zu hören, Sie bei Ihrer Arbeit zu beobachten und Ihren Geruch in der Nase zu haben, während Sie in seiner Nähe sind, geben ihm das Gefühl, dass er wirklich dazugehört. Besonders geeignet ist der Raum, in dem sich die Familie die meiste Zeit aufhält, so ist er fast den ganzen Tag unter Aufsicht – zu seiner und auch zu Ihrer Sicherheit.

In diesem Zimmer sollte ein Bereich nur Ihrem Welpen gehören. Ein Welpenkorb, eine Draht- oder Kunststoffbox oder eine durch ein Gitter abgetrennte Ecke, von der aus er Ihre Aktivitäten beobachten kann, sind genau richtig.

Die Größe seines eigenen Platzes spielt eine entscheidende Rolle: Der Welpe muss sich bequem hinlegen, ausstrecken und aufrecht stehen und sitzen

Wenn Sie Ihrem Saluki beigebracht haben, sich an einer bestimmten Stelle im Garten zu lösen, wird er diese Stelle immer wieder aufsuchen.

Übung macht den Meister!

- Trainieren Sie Ihren Hund drei- bis fünfmal täglich für einige Minuten.
- Vermeiden Sie lange Trainingszeiten, Ihr Welpe verliert schnell seine Konzentrationsfähigkeit.
- Trainieren Sie ihn nicht, wenn Sie müde, krank, ärgerlich oder in einer anderen negativen Stimmung sind. Diese negative Ausstrahlung überträgt sich auf den Hund und beeinflusst seine Leistung.

Training soll Spaß machen, kurz sein und positiv verlaufen. Beenden Sie es mit einer Übung, die der Hund gut kennt, und einem ausgiebigen Lob. Dann wird Ihr Hund am Training genauso viel Freude haben wie Sie.

können, ohne sich zu stoßen. Andererseits muss sein Platz gerade so klein sein, dass er nicht die Möglichkeit hat, sich in der einen Ecke zu lösen und in der anderen, ungestört durch seine eigenen Ausscheidungen, zu schlafen. Hunde sind von Natur aus reinliche Tiere, die niemals freiwillig in der Nähe ihrer eigenen Hinterlassenschaften bleiben – es sei denn, sie werden dazu gezwungen. Seine Box oder sein Körbchen sollten mit sauberen Tüchern ausgelegt sein und Spielzeug enthalten. Füttern Sie Ihren Welpen nicht in der Box, und geben Sie ihm dort auch kein Wasser: Dies würde umgehend seine Verdauung aktivieren, und er würde sich bei seinen Versuchen, „es einzuhalten", sehr unwohl fühlen.

Aufrecht stehen

Beim Erteilen von Kommandos sollten Sie gerade stehen und einen autoritären Eindruck machen. Geben Sie keine Kommandos, während Sie auf dem Boden oder der Couch liegen. Wenn Sie sich beim Erteilen von Kommandos auf „allen Vieren" über den Boden bewegen, wird Ihr Hund das als Aufforderung zum Spielen ansehen.

Kontrolle

Kontrolle bedeutet schlicht, Ihrem Welpen zu helfen, seine Lebensweise voll der seines menschlichen Rudels (also Ihrer!) anzugleichen. Ebenso wie wir unsere Kinder dazu bringen, unserem Tagesablauf zu folgen und ihn zu respektieren, müssen wir auch dem Welpen zeigen, wann seine Spiel-, Essens-, Schlaf- und Lösezeiten sind und wann er sich allein beschäftigen muss.

Ihr Welpe sollte von Anfang an lernen, an seinem Platz zu schlafen – und nur dort. Er muss begreifen, dass er – zu seiner eigenen Sicherheit und Bequemlichkeit – tagsüber zeitweise auch allein in seinem Bereich bleiben muss, zum Beispiel wenn im Haushalt ein großes Durcheinander herrscht oder wenn morgens ein Familienmitglied nach dem anderen mehr oder weniger hektisch das Haus verlässt. Grundsätzlich gilt: Wenn Sie Ihren Welpen allein lassen müssen, achten Sie darauf, in welche Bereiche er ohne Aufsicht bedenkenlos gehen kann. Wie schon gesagt, Welpen kauen gern. Sie kennen aber den Unterschied nicht zwischen Tischbeinen, Schuhen, Elektro- und Fernsehkabeln. Vor allem die erste Begegnung mit Strom kann fatal für den Hund und Ihr Haus enden. Vielleicht nutzt Ihr Welpe die Zeit auch und nagt die Armlehne Ihres Sessels an. Es ist ganz natürlich, dass Sie sich darüber ärgern und ihn nach Ihrer Rückkehr gehörig ausschimpfen wollen – aber halt! Schlucken Sie zweimal und denken Sie nach: Ihr Welpe würde hierdurch einzig und allein die Erfahrung machen, dass Ihre Rückkehr für ihn Unannehmlichkeiten bedeutet! Die

Armlehne hat er längst vergessen; er ist nicht in der Lage, Ihren Zorn mit dieser Tat in Zusammenhang zu bringen. Aber die Bestrafung würde er mit Sicherheit nie vergessen!
Außergewöhnliche Anlässe in Ihrem Haus wie Partys oder Familienfeiern mit vielen Besuchern findet auch Ihr Welpe aufregend – solange er sie aus der Geborgenheit seiner Box beobachten kann. Er ist nicht in Gefahr, getreten zu werden, und Ihnen ist es sicher lieber, nicht ständig aufpassen zu müssen, ob er mit „Leckerbissen" gefüttert wird, die ohnehin ungesund für ihn sind.

Der Tagesablauf

Nach jeder Mahlzeit, nach jeder Spielstunde, jedesmal, wenn Sie ihn aus seiner Box holen, jeden Morgen sofort nach dem Aufwachen (das kann bei einem Welpen durchaus schon um fünf Uhr morgens sein!) und natürlich immer dann, wenn er es durch unruhiges Drehen und Schnüffeln anzeigt, muss Ihr Hund Gassi. Mit einem Welpen unter zehn Wochen sollten Sie stündlich nach draußen gehen. Wenn er älter wird, hält er es nach und nach länger aus.

Nehmen Sie die Leine

Tragen Sie Ihren Welpen nur zu seinem „Toilettenplatz", wenn es sehr eilt. Sonst führen Sie ihn an der Leine oder ermutigen ihn dazu, Ihnen dorthin zu folgen. Wenn Sie damit anfangen, ihn herumzutragen, werden Sie das sein ganzes Leben lang tun müssen und geben ihm die Genugtuung, Sie erzogen zu haben.

Die goldene Regel

Die goldene Regel des Hundetrainings ist einfach – für jeden Befehl gibt es nur eine richtige Reaktion. Ein Befehl gleich eine Reaktion. Ein Befehl wird so lange geübt, bis der Hund ohne zu zögern in der gewünschten Form darauf reagiert. Wiederholen Sie die Übung, ohne dabei monoton zu werden, denn Hunde sind ebenso schnell gelangweilt wie Menschen.

Wählen Sie eine nahe gelegene Stelle zum Lösen aus. Verweilen Sie nur kurz an seinem Löseplatz, nie länger als fünf Minuten und kehren dann in die Wohnung zurück! Erleichtert Ihr Welpe sich während dieser Zeit, loben Sie ihn in den höchsten Tönen und gehen zurück nach Hause. Wenn nicht und das Unglück passiert nach der Rückkehr, nehmen Sie ihn mit einem scharfen „Nein!" hoch und gehen mit ihm zu seinem Löseplatz

Wie oft müssen Sie mit Ihrem Hund Gassi gehen?

Alter	täglich
bis 14 Wochen	etwa 10-mal
14 bis 22 Wochen	etwa 8-mal
22 bis 32 Wochen	etwa 6-mal
ausgewachsen	etwa 4-mal

Dies sind natürlich nur Richtwerte. Jedoch sollten Sie Ihrem Hund mindestens so häufig wie angegeben die Möglichkeit geben sich zu erleichtern und diese Werte keinesfalls unterschreiten.

zurück. Sie dürfen Ihren Welpen nie schlagen oder seine Nase in seine Hinterlassenschaften drücken, wenn ihm ein Missgeschick passiert! Unverständlicherweise scheint diese Unsitte auch heute noch recht verbreitet zu sein.

Wenn Sie wieder im Haus sind, soll der Kleine zweckmäßigerweise an seinem Platz bleiben, bis Sie sein Missgeschick in Ruhe beseitigen konnten. Sonst könnte er durch den noch wahrnehmbaren Geruch dazu stimuliert werden, sich wiederum an der gleichen Stelle zu lösen! Nachdem Sie ihn wieder frei in der Wohnung umherlaufen lassen, beobachten Sie ihn noch intensiver als zuvor, damit Sie erkennen, wann er muss. Es ist gut möglich, dass Ihr Welpe sich nur deshalb in der Wohnung lösen musste, weil Sie seine Zeichen übersehen oder zu lange mit den Gassi gehen gewartet haben. Seien Sie aber niemals böse, wenn „es“ denn doch geschehen ist. Mit der Zeit wird er begreifen, dass diese kurzen „Ausflüge“ ausschließlich dazu dienen, sich zu lösen, und nicht zum Spielen da sind. Wenn er dies erst einmal begriffen hat, wird er drinnen und draußen spielen und trotzdem genau wissen, wann er sein Geschäft zu verrichten hat.

Gewöhnen Sie ihn an feste Zeiten, zu denen er sein Nickerchen machen, allein sein, allein spielen oder in seiner Box ausruhen soll. Zeigen Sie ihm, dass er sich auch alleine beschäftigen kann, wenn Sie gerade beschäftigt sind. Er muss lernen, dass Ihre Gesellschaft zwar sehr angenehm ist, Ihr Lebensinhalt aber nicht darin besteht, rund um die Uhr nur für ihn dazusein.

Auch wenn Sie Ihren Saluki an seinen Platz oder in seine Box verweisen, sollten Sie jedesmal dasselbe Kommando benutzen. Nach kürzester Zeit wird er von allein dorthin laufen, sobald er Ihren Befehl hört. Lassen Sie Ihren Hund anfangs aber niemals zu lange in seiner Box (außer nachts, wenn ohnehin das ganze Haus schläft). Sämtliche Erfahrungen des Welpen mit seiner Box müssen positiv sein, dann wird Ihr ausgewachsener Saluki mit Begeisterung auch längere Zeit in seiner geliebten Box verbringen. Er hat gelernt, die Box als selbst-

Zufallserfolge

Erfolg, der sich zufällig einstellt, ist normalerweise nur von kurzer Dauer. Erfolg auf der Basis von erprobten Methoden ist häufig nicht nur einfacher zu erreichen, sondern auch anhaltender. Die Erfolgsmethode ist die, mit der Ihr Hund am besten lernt. Dabei gibt es immer verschiedene Wege, die alle seit langem erprobt sind und stetig verbessert wurden. Es liegt an Ihnen, den besten für sich und Ihren Hund herauszufinden.

verständlichen Teil seines Lebens zu akzeptieren. Dies bringt Sicherheit für den Hund, für Sie und für Ihr Haus. Diese Sicherheit wird das Selbstvertrauen Ihres Welpen entscheidend fördern – neben der Tatsache, dass die Box ein wertvolles Hilfsmittel bei der Erziehung zu seiner Stubenreinheit ist.
Sie sehen: Es sind nur wenige Schlüsselelemente für eine erfolgreiche Erziehung zur Stubenreinheit vonnöten – Konsequenz, Regelmäßigkeit, Lob, Kontrolle und Beaufsichtigung. Wenn Sie diese Grundregeln stets vor Augen haben, sollte ein gesunder, normal

Die Erfolgsmethode

1. Schritt Sagen Sie dem Welpen „Box!" und setzen Sie ihn mit einer kleinen Belohnung (beispielsweise einem Leckerchen oder einem Stück von einem Hundebisquit) hinein. Lassen Sie ihn fünf Minuten in der Kiste und bleiben im selben Raum. Dann lassen Sie ihn heraus und loben ihn überschwänglich. Holen Sie ihn aber keinesfalls heraus, wenn er jammert! Warten Sie so lange, bis er ruhig ist.

2. Schritt Wiederholen Sie Schritt eins mehrmals am Tag.

3. Schritt Am zweiten Tag setzen Sie den Kleinen in seine Box wie am Vortag, lassen ihn aber erst nach zehn Minuten wieder heraus. Wiederholen Sie dies mehrmals.

4. Schritt Machen Sie so weiter; steigern Sie die Verweilzeiten in der Box aber jeweils um fünf Minuten, bis der Welpe 30 Minuten ohne Murren in seiner Box bleibt – immer noch in Ihrer Anwesenheit! Vergessen Sie nicht, ihn nach so langem Aufenthalt in der Kiste immer sofort zu seinem Löseplatz zu bringen.

5. Schritt Beginnen Sie bei Schritt eins, verlassen Sie jedoch nun den Raum, während der Kleine in der Box ist.

6. Schritt Steigern Sie die Verweilzeit in der Box wieder in Fünf-Minuten-Schritten, bis er 30 Minuten ruhig darin bleibt, ohne dass Sie im Zimmer sind. Wenn er dabei sogar einschläft, haben Sie gewonnen – und können ihn z. B. auf Reisen unbesorgt auch länger in seiner Box lassen.

In 6 Schritten an die Hundebox gewöhnt

Entfernen Sie die Hinterlassenschaften Ihres Hundes immer sofort – egal ob in der Öffentlichkeit oder dem eigenen Garten.

entwickelter Welpe schnell über die Phase der „Missgeschicke" hinaus sein und bereit sein für ein langes und glückliches Hundeleben.

Die Bedeutung von Disziplin, Belohnung und Strafe

Disziplin bedeutet, sich nach bestimmten Regeln zu verhalten, die Ordnung in das Leben bringen. Ohne Disziplin, insbesondere in einer größeren Gemeinschaft, bricht Chaos aus, und die Gruppe wird früher oder später auseinanderbrechen. Menschen und Hunde sind soziale Lebewesen, deren Gemeinschaft ohne eine gewisse Disziplin nicht funktionieren kann. Sowohl im Hunde- wie auch im menschlichen Familienverband muss Futter besorgt, das Heim geschützt, der Nachwuchs betreut und die Vermehrung gesichert werden, sonst geht die Gruppe unter. Das Lebewesen, das disziplinlos ist und sich in eine solche Gemeinschaft nicht einfügt, würde verhungern oder von Stärkeren gefressen werden. Hier schließt sich der Kreis: Unsere Haushunde brauchen Disziplin, um zu verstehen, wie ihr Rudel (also Sie und Ihre Familie) funktioniert, und wie sie sich zu verhalten haben, um sich in diese Gemeinschaft einzufügen.

In einem dichtbesiedelten Gebiet in Amerika wurden kürzlich Hundebesitzer darüber befragt, wie sie das Zusammenleben mit ihrem Hund beurteilten. Das Ergebnis kann nicht verwundern: Diejenigen, die ihren Hund erzogen hatten, waren zu 75 % zufriedener mit ihrem Vierbeiner als die Leute, deren Hund keine solche Erziehung genossen hatte.

Der amerikanische Psychologe Dr. Edward Thorndike hat eine Theorie aufgestellt, die unter dem Namen „Thorndike's Theorie des Lernens" bekannt geworden ist und auf der simplen Erfahrung gründet, dass ein Verhalten, das ein erfreuliches Ereignis nach sich zieht, gern wiederholt wird. Dementsprechend wiederholt man etwas, das zu einer schlechten Erfahrung führt, nicht.

Auf dieser Theorie bauen alle modernen Trainingsmethoden auf. Wenn Sie einem Hund beispielsweise ein bestimmtes Verhalten beibringen und ihn belohnen, sobald er es gezeigt hat, wird er es gern wiederholen – einfach weil er das Endergebnis genießt!

Erfolgreiches Training

Wenn Sie Ihren Hund erfolgreich trainieren wollen, müssen Sie sich selbst an die folgenden Regeln halten:

1. Entwickeln Sie ein Verständnis dafür, wie Ihr Hund denkt.
2. Machen Sie Ihren Hund nicht für eine mangelnde Kommunikation verantwortlich.
3. Lernen Sie die Persönlichkeit Ihres Hundes kennen
4. Zeigen Sie Geduld und Konsequenz.

Gelegentlich ist eine Bestrafung für ein Fehlverhalten unumgänglich. Am effektivsten haben sich Strafen erwiesen, die von einer neutralen Quelle kommen. Ein Beispiel: Einem Kind wird verboten, den Ofen anzufassen, da es sich leicht daran verbrennen könnte. Es gehorcht nicht und berührt den Ofen trotz aller Warnungen. Das Kind verbrennt sich und erleidet Schmerz. Von nun an wird es den Ofen meiden. Es gilt: Ein Verhalten, das zu einem unerfreulichen Ereignis führt, wird nicht wiederholt.

Ein treffendes Beispiel für diese These liefert auch der Hund, der ständig die Familienkatze jagt. Schon hundertmal wurde ihm befohlen, die Katze nicht zu ärgern, aber er hört nicht auf, denn es macht einfach zu viel Spaß! Eines Tages hat die Katze die Nase voll, sie dreht sich um, kratzt dem Hund mit ihren scharfen Krallen quer durchs Gesicht und lässt ihn mit einer schmerzhaften Wunde im Gesicht stehen. Der Hund wird die Katze künftig aller Wahrscheinlichkeit nach in Frieden lassen. Verstehen Sie, was gemeint ist?

Wussten Sie schon?

Ihr Hund versteht keine Worte, er reagiert auf bestimmte Laute und auf Ihren Tonfall. Getreu dem Motto „Der Ton macht die Musik" hat ein sanftes, fröhliches „Nein!" für ihn eine völlig andere Bedeutung als ein wütend gebrülltes „Nein!". Benutzen Sie nie seinen Namen, wenn Sie mit ihm schimpfen, nur das kurze, klare „Nein!" Dass ein Hund den eigentlichen Sinn eines Wortes nicht versteht, machen sich einige Bühnenunterhalter zunutze: Sie bringen ihrem Hund bei, genau das Gegenteil dessen zu tun, was sie von ihm im eigentlichen Wortsinn fordern.

Bitte Spielen einplanen!

Welpen sollten regelmäßige Zeiten haben, zu denen Sie mit Ihnen nach draußen gehen oder mit Ihnen spielen können. Für einen Welpen reicht ein kurzer Spaziergang völlig aus, überanstrengen Sie ihn nicht! Als Spiele eignen sich Fangenspiele mit einem großen Ball oder einem Kauspielzeug (alle zahnenden Welpen kauen gerne auf etwas Weichem herum). Spielen Sie im Haus nur in den Zimmern mit ihm, in denen er sich auch sonst aufhalten darf, solange er noch nicht vollständig stubenrein ist.

Sicherheit zuerst

Auch wenn es manchmal so scheint, als hätte Ihr Hund nichts Wichtigeres im Sinn als zu fressen, zu schlafen und Ihre Möbel zu zerknabbern, denkt er vor allem an seine Sicherheit. Unsere Begleiter sind die Nachkommen domestizierter Wölfe. Sie haben immer noch das gleiche Rudelverhalten wie ihre frei lebenden Ahnen vor tausenden von Jahren. Ihr Hund möchte sich sicher fühlen, indem er weiß, dass dem Rudel ein starker Rudelführer voransteht. Sie müssen Ihrem Welpen schon sehr früh beweisen, dass Sie dieser Rolle gewachsen sind. Wenn Sie das schaffen, wird Ihnen Ihr Hund auch vertrauen, Ihren Kommandos folgen, ohne sie in Frage zu stellen, und sich sicher sein, dass ihm in Ihrer Gegenwart kein Leid zugefügt wird.

Nützliche Trainingshilfen

Halsband und Leine

Für den Saluki ist ein einfaches Textil- oder Lederhalsband, das mittels einer stabilen Schnalle geschlossen werden kann, völlig ausreichend. Es ist empfehlenswert, eine ein bis zwei Meter lange Leine aus Leder, Kunststoff oder reißfestem und nicht zu schwerem Textilmaterial zu verwenden.

Leckerbissen zur Belohnung

Davon können Sie gar nicht genug in der Tasche haben! Irgendetwas Nahrhaftes, was nicht erst lange gekaut werden muss, eignet sich am besten. Ein ein Stückchen Käse oder gekochtes Hühnerfleisch sind weich genug und viel besser als trockener Hundekuchen. Wenn Ihr Hund erst lange auf der Belohnung kauen muss, wird das Training unnötig unterbrochen, die Konzentration ist weg, und Sie verlieren wertvolle Zeit mit Ihrem Hund.

Belohnungen während des Trainings verführen Ihren Hund entgegen anders lautenden Meinungen nicht dazu, bei Tisch zu betteln! Ein Hund bettelt nur dann bei Tisch, wenn er auch Essen vom Tisch bekommt. So sind Sie allein für dieses Problem verantwortlich. Während des Trainings wird er jede Belohnung durch Futter mit Lob für sein vorangegangenes richtiges Verhalten assoziieren.

Immer mit der Ruhe

Trainieren Sie Ihren Hund niemals, wenn in schlechter Stimmung sind. Hunde reagieren sehr sensibel auf Ihre Stimmung und bringen Ihre schlechte Laune mit dem Training in Verbindung. So wird das Training zu einer negativen Erfahrung und löst Widerwillen oder sogar Angst aus.

Das Training beginnt… mit einer Frage!

Wenn Sie einen Saluki erziehen wollen, vergessen Sie nicht, dass alle Windhunde sehr unabhängige, eigenständig denkende und stolze Hunde sind. Durch Bestrafungen werden Sie einen Saluki niemals zu einem gehorsamen Hund erziehen können. Der einzig richtige Weg, einen Saluki zu erziehen, ist der, Ihre Entscheidung auch zu seiner zu machen, erwünschtes Verhalten zu belohnen und trotzdem Grenzen zu setzen. Salukis mögen wie alle Windhunde keine Wiederholungen. Wenn sie eine Aufgabe erledigt haben, sehen sie keinen Sinn darin, diese zu wiederholen. Ihre Intelligenz ist erstaunlich, und Sie dürfen nie vergessen, dass es sich bei Ihrem Hund um ein denkendes Lebewesen handelt. Aufgrund dieser Vorüberlegungen geben wir Ihnen folgende Tipps zur Erziehung Ihres Saluki: Positive Verstärkung ist immer das Mittel der Wahl, Bestrafungen jeder Art werden nur zu Verärgerung und Ablehnung führen. Was Sie Ihrem Hund auch beibringen wollen: Sie müssen seine ganze Aufmerksamkeit auf sich lenken. Sie können sich noch so anstrengen, Ihr Hund wird nichts lernen, wenn er Sie nicht ansieht und mit seinen Gedanken woanders ist. Dies kann bei allen Windhunden und beim Saluki im Besonderen etwas schwierig sein.

Am besten erlangen Sie die Aufmerksamkeit Ihres Hundes mit einer Frage, beispielsweise „Wollen wir üben?" Im selben Moment gehen Sie zu ihm, geben ihm eine Belohnung und loben ihn. Nach ein oder zwei Minuten gehen Sie mit der Belohnung in der Hand auf ihn zu. Kurz bevor Sie ihn erreichen, bleiben Sie stehen, zeigen ihm die Belohnung und stellen die Frage: „Wollen wir üben?" Sobald er die Belohnung in Ihrer Hand entdeckt hat, kommt er Ihnen vermutlich das letz-

Angst und Aggression

Welpen, die mit körperlicher Gewalt erzogen werden, sind als erwachsene Hunde oftmals verhaltensauffällig. Ein häufiges Problem ist Angst, die in Aggression endet. Der Hund wird wütend, fletscht seine Zähne, knurrt und beißt schließlich denjenigen, von dem er sich bedroht fühlt. Angenommen, Ihre Tochter spielt mit Ihrem Hund. Während sie spielen, drängt sie ihn in eine Ecke. Als sie versucht, den Hund zu streicheln, beißt er in ihre Hand. Hat der Hund zuvor schlechte Erfahrungen mit Ihrer Tochter gemacht? Wahrscheinlich nicht, denn er hat sich nur aus einer Notsituation befreit. Im ungünstigsten Fall behält der Hund Ihre Tochter in schlechter Erinnerung und knurrt sie auch künftig an. Glücklicherweise ist diese Art der Aggression recht leicht zu korrigieren. Bringen Sie Ihre Tochter nur in angenehmen Momenten mit dem Hund zusammen. Lassen Sie sie den Hund füttern und streicheln. Sie sollte den Hund nicht kommandieren oder bestrafen. Falls der Hund sie immer noch anknurrt oder sich abduckt, sollte jemand die beiden begleiten. Im Laufe einer Woche sollte der Hund so viele gute Erfahrungen mit Ihrer Tochter gemacht haben, dass er wieder Vertrauen zu ihr fasst.

Salukis lernen schnell und langweilen sich bei Wiederholungen. Seien Sie ausdauernd und einfallsreich – selbst bei so einfachen Übungen wie dem „Sitz".

te Stück entgegen, und Sie geben ihm seine Belohnung mit einem dicken Lob.
Beim drittenmal stellen Sie die Frage mit dem Leckerchen sichtbar in der Hand und gehen diesmal nur ein oder zwei Schritte in seine Richtung, so dass er fast den ganzen Weg zurücklegen muss, um es zu bekommen. Loben Sie ihn wieder, sobald er bei Ihnen ist!
Spätestens jetzt wird ihm aufgehen, dass es sich für ihn lohnt, auf Sie zu hören. Besonders wenn Sie die besagte Frage stellen, wird sich das in Form von Lob und Leckerlis auszahlen. Er hat gelernt, dass er auf die Frage „Wollen wir üben?" Zeit mit Ihnen verbringen wird, die Spaß und Leckerbissen für ihn bereit hält.
Natürlich wissen Sie, dass Hunde nicht den Sinn der Worte verstehen, die Sie sagen; sie erkennen nur den Klang der Frage und den Laut der Worte. Diese Lautfolge, die die Worte bilden, erkennt er als Signal. Für ihn bedeutet dieses Signal, zu Ihnen zu kommen. Damit ist die Beziehung zwischen Ihnen aufgebaut, die für ihn schließlich durch Leckerchen und viel Lob noch an Wert gewinnt.

Die Grundkommandos

„Sitz!"

Wenn Sie die Aufmerksamkeit Ihres Hundes geweckt haben, nehmen Sie seine Leine in die linke und seine Belohnung in die rechte Hand. Halten Sie ihm das Leckerchen direkt vor die Nase und lassen Sie ihn daran lecken, aber geben Sie es ihm noch nicht. Befehlen Sie ihm „Sitz!" und führen Sie die rechte Hand (mit dem Futter) über seinen Kopf, so dass er nach oben schauen muss, wenn er ihr mit den Augen folgen will. Um in dieser Situation sein Gleichgewicht nicht zu verlieren, muss er die Knie beugen und nimmt so die Sitz-Stellung ein! Genau in diesem Moment müssen Sie ihm seine Belohnung geben und ihn überschwenglich loben. Ihre Begeisterung muss wirklich offenkundig sein; sie ist ein Genuss für Ihren Hund und macht ihn stolz auf sich selbst. Bei regelmäßiger Wiederholung kann Ihr Saluki das „Sitz!" Sie wollen ihn natürlich nicht auf ewig mit Futter belohnen, damit er Ihre Kommandos befolgt. Die Belohnungen dienen vor allem bei neuen Kommandos als Motivation. Wenn Ihr Hund ein neues Kommando sicher beherrscht, können Sie langsam die Futterbelohnungen reduzieren – schließlich können Sie nicht immer und überall entsprechende Vorräte in der Tasche haben. Ihre Stimme ist dagegen immer bereit, und mit Ihrem überschwenglichen Lob als schönster Belohnung dürfen Sie ohnehin sein ganzes Leben lang nicht sparsam sein.

„Platz!"

Dem Hund „Platz!" beizubringen ist einfach, wenn Sie sich klarmachen, wie der Hund die „Platz"-Position erreicht und wie er sie empfindet. Wenn Sie ihm das „Platz" auf die falsche Art beibringen, kann er eine solche Angst vor diesem Befehl entwickeln, dass er entweder Reißaus nimmt oder versucht denjenigen zu beißen, der ihn mit Gewalt auf den Boden zwingen will. Die „Platz"-Position wird Ihr Hund nur dann freiwillig und gerne einnehmen, wenn er sich absolut sicher und entspannt fühlt. Es ist eine sehr unsichere Position für ihn, denn sie erlaubt ihm keine schnelle Flucht aus einer Gefahr. Deshalb wird er sich auch gegen das Kommando sträuben, wenn er die Situation bedrohlich empfindet.
Lassen Sie den Hund dicht neben Ihrem linken Bein sitzen, wobei er in dieselbe Richtung schaut wie Sie. Halten Sie seine Leine in der linken Hand und ein Lekkerchen in der rechten. Legen Sie Ihre linke Hand genau auf den Widerrist Ihres Hundes (das ist die Stelle, an der sich die Spitzen der Schulterblätter an der Wirbelsäule treffen). Üben Sie keinerlei Druck aus; lassen Sie Ihre Hand einfach liegen, nur um ihn dicht neben sich zu halten, wenn er sich hinlegt. Halten Sie Ihre „Futterhand" vor seine Nase und sagen ganz leise „Platz" zu ihm, während sich Ihre Hand langsam bis zu seinen Vorderpfoten hinunterbewegt. Wenn Ihr Hund nun Ihrer Hand – und natürlich der Belohnung darin – folgt und schließlich auf dem Boden angekommen ist, bewegen Sie Ihre Hand langsam vom Hund weg. Sprechen Sie während der ganzen Übung leise und sanft mit ihm, damit er ruhig bleibt, während er Ihrer Hand langsam mit der Nase folgt, um die Belohnung zu ergattern. Auf diese Weise geht er vorn immer weiter hinunter, und wenn schließlich seine Ellenbogen den

Angst vor dem „Platz"?

Ein instinktsicherer Hund legt sich in einer Gefahrensituation nie hin. Er bleibt wachsam auf seinen Zehenspitzen stehen, damit er zur Flucht oder zur Verteidigung bereit ist. Deswegen macht kein Hund in der Ausbildung freiwillig „Platz", wenn er sich bedroht fühlt oder verängstigt ist. Ruhe und Entspannung sind bei dieser Übung besonders wichtig.

Boden berühren, geben Sie ihm seinen Leckerbissen und loben ihn sanft. Versuchen Sie, ihn dazu zu bringen, diese Position einige Sekunden lang beizubehalten, bevor er sich wieder aufsetzt. Das Ziel dieser Übung ist, den Hund so weit zu beruhigen, dass er sich entspannt hinlegt, ohne sich in dieser Position bedroht zu fühlen.

Konsequenz zahlt sich aus

Hunde brauchen einen festen Fütterungs- und Trainingsplan, regelmäßige Spaziergänge und einheitliche Kommandos. Wenn Sie am Montag sagen „Bleib“ und am Dienstag „Bleib bitte hier“, wird das Ihren Hund nur verwirren. Erwarten Sie kein perfektes Verhalten während der Übungsstunden, wenn Sie ihn dann den Rest des Tages wild durch die Wohnung rasen lassen. Loben Sie Ihren Hund über alle Maßen, wenn er etwas richtig macht. Je mehr er merkt, dass er Ihnen Freude bereitet, desto bereitwilliger lernt er auch.

„Bleib!“

Es ist recht leicht, dem Hund beizubringen, in der „Sitz“- oder „Platz“-Position zu verharren. Natürlich benutzen wir auch hierbei zu Beginn der neuen Übung Futter und Lob, um ihm klar zu machen, was wir mit diesem neuen Kommando genau von ihm erwarten.

Um ihm das „Bleib!“ aus der „Sitz“-Position beizubringen, lassen Sie ihn zunächst wieder an Ihrer linken Seite sitzen; die Leine befindet sich wieder in Ihrer linken Hand, die rechte hält das Futter – und zwar dicht vor seiner Nase. Befehlen Sie ihm „Bleib!“ und machen Sie lediglich einen Schritt vor ihn (Sie stehen jetzt Fuß an Pfote mit ihm), während er an seinem Leckerchen leckt. Achten Sie darauf, dieses so zu halten, dass er seine Sitzhaltung beibehält. Zählen Sie bis fünf und bewegen sich unter denselben Bedingungen zu Ihrer Ausgangsposition zurück. Sobald Sie zurück an Ihrem Platz sind, geben Sie Ihrem – nun wieder neben Ihnen sitzenden – Hund seine Belohnung und loben ihn in den höchsten Tönen.

„Platz und bleib!“ lernt er auf ähnliche Weise: Lassen Sie Ihren Hund „Platz“ machen. Sobald er sich hingelegt hat, befehlen Sie „Bleib!“ und begeben sich wie bei „Sitz und bleib!“ mit einem Schritt vor ihn und – nachdem Sie bis fünf gezählt haben – wieder zurück in Ihre Ausgangsstellung (auch wenn es schwer fällt, da Sie sich ja fast bis zum Boden hinunterbeugen müssen!). Belohnen und loben Sie ihn ausgiebig, wenn er an seinem Platz geblieben ist! Nach etwa einer Woche können Sie damit beginnen, sich nach und nach etwas von ihm zu entfernen, wenn er sitzen- oder liegenbleibt. Zeigen Sie ihm durch Ihre erhobene flache Hand, dass er „Bleiben" soll. Natürlich befindet sich sein Leckerbissen nicht mehr direkt vor seiner Nase; er wird Ihre Hand aber aufmerksam beobachten und recht schnell begreifen, dass er sein Futter bekommt, sobald Sie wieder an seine Seite zurückgekehrt sind. Wenn Sie schließlich eine halbe Minute lang einen Meter entfernt von Ihrem Hund stehen können, ohne dass er Ihnen folgt, ist schon viel erreicht. Steigern Sie die Zeitspanne und die Distanz zu Ihrem Hund stetig, bis Sie letztendlich sicher sein können, dass er in der „Bleib"-Position ausharrt, bis Sie zu ihm zurückkehren oder ihn rufen. Dann ist natürlich ein besonders dickes Lob fällig!

„Komm!"

Wenn Sie es schaffen, dass Ihr Hund das „Komm"-Training als großen Spaß erfährt, werden Sie nie das Problem haben,

Komm!

Auch wenn Sie Ihren Hund rufen , verwenden Sie immer das gleiche Kommando. Solange sich Ihr Hund auf der Suche nach Ihnen befindet, können Sie im lockenden Ton mit ihm sprechen. Wiederholen Sie das Kommando, so dass sich der Hund an den Klang dieses Befehls gewöhnt und ihn auch in Zukunft befolgt. Kurze, ein- oder zweisilbige Kommandos lernt Ihr Hund schneller als lange.

Komm ... lieber nicht

Rufen Sie Ihren Hund niemals mit dem Kommando „Komm", wenn er etwas angestellt hat und Sie ihn dafür bestrafen wollen. Das ist der schnellste Weg, aus dem erlernten „Komm"-Kommando ein „Lauf schnell weg" zu machen. Der Hund wird die erfolgte Bestrafung mit dem Befehl „Komm" in Verbindung bringen, nicht mit seiner begangenen Missetat.

dass er auf Zuruf nicht kommt. Es muss auf ihn wirken, als brächten Sie ihm ein neues Spiel bei und nicht ein neues Kommando. Sie kennen das: Gerade in den Situationen, in denen Ihr Hund umgehend und schnellstens zu Ihnen kommen soll – läuft er in die andere Richtung! Was ist der Grund? Nun, in solchen Momenten sind Sie vermutlich voller Sorge und Aufregung, und das beeinflusst Ihren Tonfall mit jedem vergeblichen „Komm!" stärker. Ihr Hund erkennt deutlich den Stress und die Verzweiflung in Ihrer Stimme, bekommt Angst vor dem, was ihn erwarten könnte – und gehorcht nicht.

Der Grund könnte aber auch noch woanders liegen. Wenn Sie Ihren Hund rufen, haben Sie vielleicht gerade nicht seine Aufmerksamkeit. Sie rufen ihn, als er weglaufen will oder während er mit anderen Hunden spielt. Er ist abgelenkt. Am besten sichern Sie sich seine Aufmerksamkeit, indem Sie nicht gleich das Kommando „Komm!" verwenden, sondern zunächst seine Aufmerksamkeit durch Rufen seines Namens oder auch eines scharfen „Neins" erlangen. Doch

Fuß!

Bevor Sie das Kommando „Bei Fuß" oder einfach nur „Fuß" mit Ihrem Hund ohne Leine üben, seien Sie sich zuerst sicher, dass er es mit Leine perfekt befolgt. Die ersten Versuche ohne Leine sollten Sie auf jeden Fall in einem eingezäunten Gebiet machen, falls Ihr Hund doch wegläuft.

kommen wir zurück zu dem Kommando und unserem Spiel.

Am besten ist es, dieses Spiel im Haus oder einem eingezäunten Gebiet – zum Beispiel im Garten – zu üben. Und natürlich macht Ihre ganze Familie mit! Jeder verschwindet mit ein paar Leckerchen in einem anderen Raum (natürlich bleiben alle Türen offen) oder sie verteilen sich auf dem Gelände. Einer nach dem anderen ruft nun den Hund. Wenn dieser den Rufenden gefunden hat, erhält er von ihm mit großem Hallo seine Belohnung und jede Menge Lob. So geht es wie beim Versteckspiel reihum, und Ihr Hund lernt: Wenn Sie ihn rufen, muss er Sie finden und wird dafür noch reich belohnt! Nach wenigen Malen wird er dieses Versteckspiel herrlich finden. Der simple Ruf „Wo bist Du?" oder „Komm her!" (oder was immer Sie beim Spiel mit ihm rufen) wird ihn schließlich dazu bringen, von überall begeistert angerannt zu kommen – in der freudigen Erwartung, Sie zu „finden" und mit einem Leckerbissen und Ihrem Lob dafür belohnt zu werden.

Der Befehl „Komm!" gehört zu den wichtigsten Dingen, die Ihr Hund lernen muss. Interessanterweise gibt es Trainer, die ihren Schützlingen beibringen, zu ihnen zu kommen, ohne jemals wirklich das „Komm!"-Kommando zu benutzen. Trotzdem gehorchen auch diese Hunde, wenn Sie durch die einfache Frage „Wo bist Du?" oder einfach mit ihrem Namen gerufen werden. Natürlich haben Kinder besonders großen Spaß an diesem Spiel, und das sollten Sie fördern. Kinder können sich in viel kleinere, raffiniertere Verstecke zwängen als Sie, und das macht die Angelegenheit für den Hund natürlich noch interessanter. Um so mehr freut er sich, wenn er seinen kleinen Freund – oder seine kleine Freundin – gefunden hat und diesen

Trainings-Tipp

Wenn Sie mit Ihrem Hund an der Leine laufen und er plötzlich vor Ihnen stehen bleibt und Ihnen in die Augen sieht, reagieren Sie gar nicht darauf, sondern laufen einfach weiter.

Wusssten Sie schon?

Wenn Sie Ihre Hand auf den Hals Ihres Hundes gerade unterhalb der Ohren legen, ist dies ein Zeichen Ihrer Dominanz. Wenn Sie nun beruhigend zu Ihrem Hund sprechen, wird sich auch der hitzigste Hund auf ein normales Maß abkühlen.

Erfolg durch eine Belohnung und vielleicht eine fröhliches Spiel mit ihm feiern kann!

„Fuß!“

„Fuß“ geht Ihr Hund, wenn er, ohne an seiner Leine zu ziehen – später sogar ganz ohne Leine –, dicht neben Ihnen herläuft. Es wird einige Zeit und viel Geduld erfordern, bis Ihr Hund gelernt hat, dass Sie keinen einzigen Schritt machen werden, solange er nicht gesittet neben Ihnen läuft. Ziehen an der Leine ist ein unakzeptables Verhalten!

Zum Üben nehmen Sie die Leine in Ihre linke Hand, während der Hund an Ihrer linken Seite sitzt. Halten Sie die Schlaufe der Leine mit Ihrer rechten Hand fest, damit Sie ihn links an kurzer Leine neben sich halten können.

Befehlen Sie „Fuß!“, und machen Sie mit dem linken Fuß einen Schritt nach vorn. Halten Sie den Hund dicht neben sich und machen Sie drei weitere Schritte. Bleiben Sie stehen und befehlen Sie Ihrem Hund, sich links dicht neben Sie zu setzen. Loben Sie ihn, ohne ihn dabei zu berühren. Warten Sie einen Moment und wiederholen das Ganze: Kommando „Fuß!“, drei Schritte und mit dem Befehl „Sitz!“ anhalten. Ziel dieser Übung ist es, dass Ihr Hund diese drei Schritte mit Ihnen geht, ohne dabei auch nur einmal an der Leine zu ziehen. Wenn er das schafft, versuchen Sie es mit fünf Schritten. Wenn er auch diese ruhig neben Ihnen herläuft, können Sie auf zehn erhöhen und so weiter. Schließlich werden Sie erreichen, dass er „Fuß“ geht, wann und wie lange Sie es wollen.

Sie müssen ihm deutlich zeigen, wann die Übung beendet ist. Loben Sie ihn, streicheln Sie ihn, sagen Sie ihm, dass er ein „Guter Hund!“ ist. Wenn hier stets das gleiche Wort verwendet wird, asso-

Lust auf Seilziehen?

Wenn Sie das „Fuß“-Training mit langen Spaziergängen beginnen und Ihrem Hund erlauben, ständig an der Leine zu ziehen, wird er dies als normal ansehen. Wenn Sie ständig an der Leine ziehen, um ihn zu korrigieren, wird er das als Ansporn nehmen, um noch kräftiger dagegenzuhalten.

ziiert er es sehr bald mit dem Ende der Übung. Nun kann er sich entspannen.
Wenn Sie einen Hund haben, der nicht aufhört, an seiner Leine zu zerren, steigen Sie einfach auf die Bremse. Rühren Sie sich nicht von der Stelle, bis Ihrem Saluki die plötzliche Erleuchtung kommt, dass Sie keinen einzigen Schritt mit ihm gehen, wenn er nicht an Ihrer Seite ist und sich Ihrem Tempo anpasst. Es kann durchaus einige Zeit dauern – behalten Sie den längeren Atem!
Jedesmal, wenn Ihr Hund zu Ihnen aufschaut und vielleicht sogar seinen Schritt verlangsamt, damit die Leine zwischen Ihnen beiden nicht gespannt ist, loben Sie ihn in ruhigem Ton „Schön Fuß! Guter Hund!" Irgendwann fängt er an, darauf einzugehen, und nach einigen Tagen läuft er gesittet neben Ihnen her. Halten Sie die Trainingseinheiten kurz und positiv; recht bald werden Sie die Strecken verlängern können. Vergessen Sie nie, dass Ihr Hund spielen und toben muss, wenn die „Fuß"-Übung beendet ist – dies ist als Ausgleich dringend nötig!

Training ohne Leckerbissen

Futter als Belohnung ist kaum zu ersetzen, wenn Sie Ihrem Hund ein neues Verhalten beibringen wollen. Hat er jedoch erst einmal verstanden, was Sie mit einem bestimmten Befehl von ihm verlangen, ist es an der Zeit, ihm die ständigen Leckerbissen abzugewöhnen.
Zunächst belohnen Sie ihn natürlich nach jeder erfolgreich durchgeführten Übung mit Futter. Irgendwann sollten Sie aber damit beginnen, ihm diese Belohnung nur noch manchmal zu

Salukis erinnern aufgrund ihrer eleganten Sprünge an Gazellen. Immer häufiger messen sich auch Salukis auf Agility-Wettbewerben; ihre angeborenen Fähigkeiten prädestinieren sie zu diesem Sport.

geben. Da Salukis sehr intelligente Hunde sind, sollten Sie dabei jede Regelmäßigkeit vermeiden. Ihr Hund soll schließlich nicht lernen, dass es sich nur bei jedem zweiten Mal lohnt, ihnen zu gehorchen! Überschwängliches Lob muss selbstverständlich jedes Mal sein! Wechseln Sie mit der Zeit einfach wahllos die Art der Belohnung. Mal erhält er beides, mal nur ein dickes Lob. Wichtig ist, dass er vorher nie einschätzen kann, welche Belohnung ihn erwartet – Futter und Lob oder „nur“ Lob. Dieses unberechenbare System erweist sich als höchst erfolgreich, da er ja immer zumindest die Hoffnung haben darf, einen Leckerbissen zu ergattern – er wird nicht aufgeben, damit er irgendwann diese Belohnung doch wieder erhält.

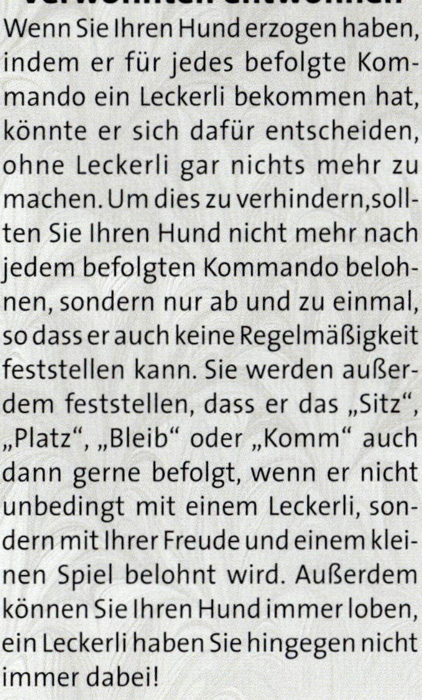

Wie Sie den Verwöhnten entwöhnen

Wenn Sie Ihren Hund erzogen haben, indem er für jedes befolgte Kommando ein Leckerli bekommen hat, könnte er sich dafür entscheiden, ohne Leckerli gar nichts mehr zu machen. Um dies zu verhindern, sollten Sie Ihren Hund nicht mehr nach jedem befolgten Kommando belohnen, sondern nur ab und zu einmal, so dass er auch keine Regelmäßigkeit feststellen kann. Sie werden außerdem feststellen, dass er das „Sitz“, „Platz“, „Bleib“ oder „Komm“ auch dann gerne befolgt, wenn er nicht unbedingt mit einem Leckerli, sondern mit Ihrer Freude und einem kleinen Spiel belohnt wird. Außerdem können Sie Ihren Hund immer loben, ein Leckerli haben Sie hingegen nicht immer dabei!

Erziehungskurse

Es ist eine gute Idee, sich zu einem Erziehungskurs anzumelden, sofern einer in erreichbarer Nähe angeboten wird. Viele Hundevereine bieten Grunderziehungskurse an, die auch als Vorbereitung für die Ausbildung in anderen Hundesportarten von Nutzen sind. Hier gibt es verschiedene Möglichkeiten, die letztlich alle auf den in den vorigen Kapiteln erläuterten Grundanforderungen beruhen. Bei uns ist die Begleithundprüfung („BH“) das bekannteste und am meisten verbreitete Grundausbildungskennzeichen – fast alle Vereine bieten entsprechende Trainingsmöglichkeiten an. Die sogenannten „Obedience-Classes“ (Gehorsams-Kurse), die in den USA überaus beliebt sind und fast überall angeboten werden, sind in Europa recht unbekannt. Hier können die Hunde Titel gewinnen und genauso wie bei der Begleit-

Erziehungskurse

Die Ausbildung in einem Grundkurs dauert gewöhnlich sechs bis acht Wochen. Hund und Halter nehmen einmal wöchentlich an einem einstündigen Unterricht teil. Die dort erlernten Lektionen werden mehrmals täglich für einige Minuten zu Hause wiederholt. Mit etwas Geduld und Einsatz führt dies zu einem wohlerzogenen Hund und einem stolzen Halter, der das Leben mit seinem gehorsamen und treuen Hund genießt.

Die Teilnahme an Hunderennen ist durch verschiedene Vorschriften geregelt. Wenn Sie an dieser Sportart interessiert sind, wenden Sie sich an Ihren Windhund-Klub oder Hundesport-Klub.

hundprüfung bestehen die Anfängerwettbewerbe vor allem aus den Grundkommandos wie „Sitz“, „Platz“ oder „Bleib“. In den höheren Klassen werden sportlichere Aktivitäten wie Sprünge, aber auch Fährtenarbeit gefordert.

Andere Aktivitäten

Ob Sie Ihren Saluki in eine Hundeschule bringen und ihn dort unter fachkundiger Anleitung ausbilden oder dies allein zu Hause versuchen – wenn Sie beide die Grunderziehung erfolgreich gemeistert haben, gibt es viele Aktivitäten, in denen Sie das Erlernte zu Ihrer beider Vergnügen ausprobieren können. Ein erzogener Hund hat ein viel abwechslungsreicheres Leben als ein unerzogener. Er kann überall hin mitgenommen werden, sieht mehr von der Welt und ist nicht nur auf Ihr Haus und Ihren Garten beschränkt. Auch alltägliche Aktivitäten werden für einen erzogenen Hund interessanter. Sicher wird es Ihnen auch nicht schwerfallen, bei Ihren gemeinsamen Wanderungen neue, interessante Spiele zu erfinden. Ihre Beziehung zu Ihrem Hund wird erstens durch gemeinsame Aktivitäten immer enger, zweitens ist sie für beide Seiten gesund und unterhaltsam.

Salukis eignen sich auch für den immer beliebter werdenden „Agility“-Sport. Agility ist für Hund und Führer ein Riesen-

Rennen, bei denen die Hunde einem Köder nachjagen, sind ein beliebter Sport für Salukis und andere Windhundrassen. Es ist faszinierend, die Schnelligkeit und angeborene Jagdleidenschaft dieser Hunde zu beobachten.

Erkennen Sie, wenn Ihr Schüler gestresst ist

Während des Trainings zeigen folgende Anzeichen, dass Ihr Hund gestresst ist:

- Er klemmt die Rute ein.
- Er senkt seinen Kopf.
- Er schüttelt sich oder zittert.
- Er steht völlig still oder rennt weg.
- Er schnauft und speichelt stark.
- Er vermeidet direkten Augenkontakt.
- Er legt seine Ohren an.
- Er uriniert unterwürfig.
- Er legt sich hin und hebt ein Bein hoch.
- Er presst die Kiefer fest zusammen.
- Er reagiert aggressiv, wenn Sie ihn zurechtweisen.

Wenn Ihr vierbeiniger Schüler einige dieser Verhaltensweisen zeigt, ist er gestresst oder eingeschüchtert. Das Training war vielleicht zu lang oder er hat nicht genügend Lob erhalten. Hören Sie für heute auf und versuchen es morgen wieder!

spaß. Die Hunde müssen einen Hindernisparcours überwinden, indem sie verschiedenartige Sprünge absolvieren, durch Tunnel kriechen und etliche weitere spannende Übungen durchlaufen, die hohe Ansprüche an ihre Koordinationsfähigkeit und ihre Schnelligkeit stellen. Die Hundeführer rennen mit ihren Hunden durch den Parcours und geben ihnen die jeweils nötigen Kommandos, um sie zu dirigieren. Der Spaß sollte hier immer im Vordergrund stehen, sowohl für Sie und Ihren Hund, als auch für das Publikum!

Am wohlsten fühlt sich der Saluki natürlich bei Sportarten, die seine Schnelligkeit und Ausdauer fordern. Windhundrennen sind in Deutschland sicher die populärste Beschäftigung für einen Saluki, auch wenn diese Sportart hierzulande noch bei weitem nicht die Verbreitung hat, wie beispielsweise in Amerika. Dass Windhundrennen in Deutschland noch nicht kommerziell betrieben und von Wetten begleitet werden, muss sicher positiv bewertet werden. Schließlich soll der Spaß für Hund und Halter im Vordergrund stehen.

Anfänger-Wettbewerbe

Manchmal gelingt es einigen Hundebesitzern, mit ihren Hunden Titel zu gewinnen, obwohl sie nie in einem Klub trainiert haben, sondern wichtige Übungen mit ihrem Hund ganz allein durchgeführt haben. Meist klappt dies aber nur bei Anfänger-Wettbewerben, da für eine weitere Ausbildung meist umfangreichere Trainingsgeräte notwendig sind und Ihnen ein ausgebildeter Trainer zur Seite stehen sollte, der Ihnen und Ihrem Hund Hilfestellung bei den schwierigeren Übungen geben kann.

Der Körperbau des Saluki

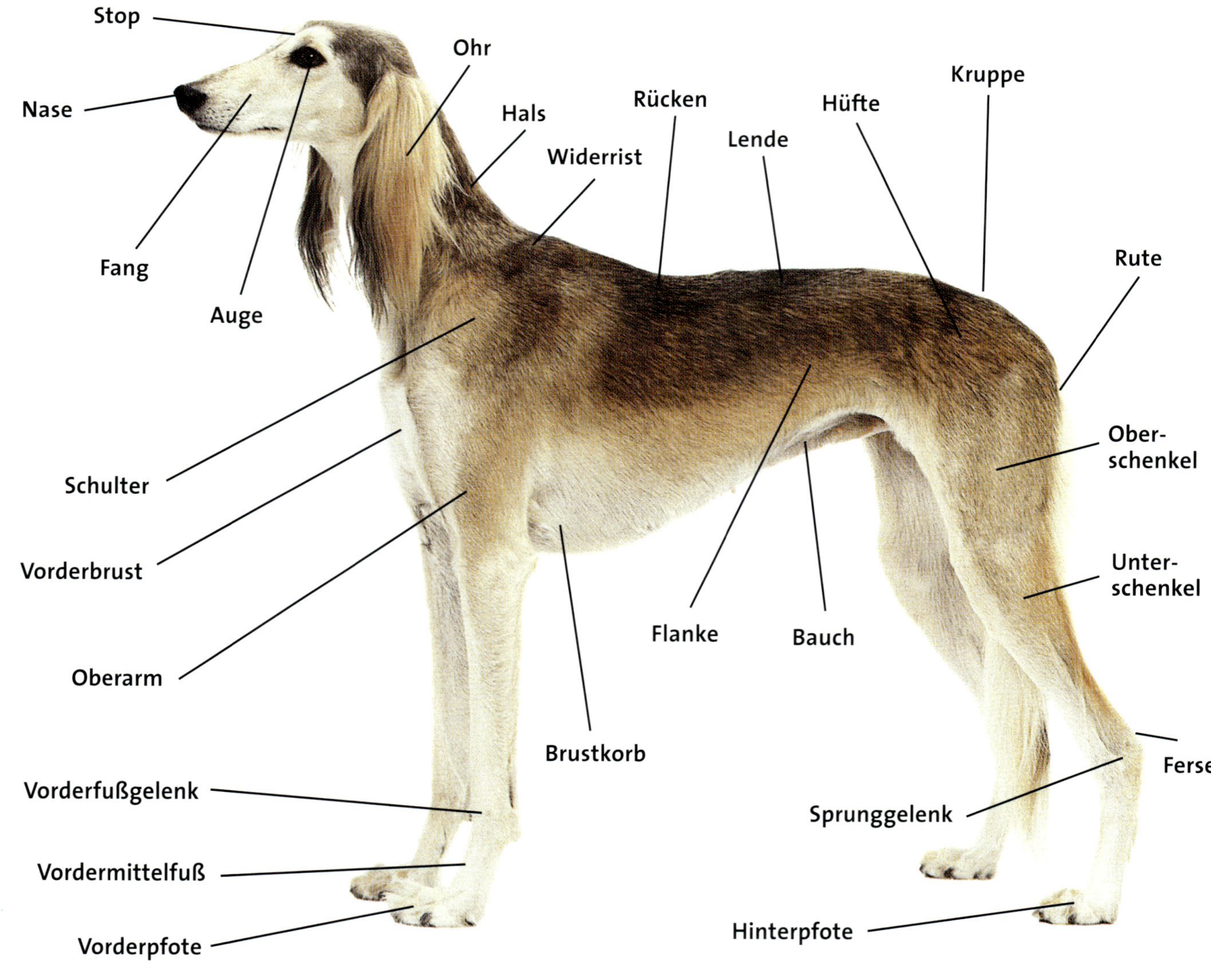

Die Gesundheit Ihres Saluki

Hunde leiden unter vielen Erkrankungen, von denen auch Menschen befallen werden. Sie teilen sogar viele psychologische Probleme mit uns. Da die meisten von uns gewöhnlich mehr über Erkrankungen wissen, die bei Menschen auftreten, als über die von Hunden, werden in diesem Kapitel anstelle der korrekten veterinärmedizinischen Fachbegriffe vielfach die bekannteren Begriffe aus der Humanmedizin verwendet. Wir benutzen den alten Begriff „Röntgenuntersuchung" anstelle des moderneren Ausdrucks „Radiographie". Es wird nach wie vor von Symptomen die Rede sein, auch wenn Hunde eigentlich keine Symptome haben, sondern klinische Anzeichen erkennen lassen. Symptome sind die verbale Beschreibung der Empfindungen eines Patienten. Da Hunde nicht reden können, müssen wir uns auf klinische Anzeichen beschränken. Allgemein sagt man, dass Medizin praktiziert wird. Dieser Begriff ist absichtlich so gewählt, denn die Medizin verändert sich ständig, je mehr wir über die Genetik, elektronische Hilfsmittel und die verschiedenen Behandlungsmöglichkeiten lernen. Es gibt viele Hundekrankheiten, die nicht in jedem Fall in der gleichen Form behandelt werden. Einige Veterinärchirurgen raten in bestimmten Fällen schneller und häufiger zu einer Operation als andere.

Kastration

In bestimmten Fällen ist eine Kastration ratsam. Bei Rüden beispielsweise dann, wenn eine Hypersexualität vorliegt. Hündinnen werden oft kastriert, wenn sie ausgeprägt scheinträchtig werden – oder auch, um dem Hund die Strapazen der Läufigkeit zu ersparen.

Die richtige Wahl des Tierarztes

Für Ihren Tierarzt sollten Sie sich nicht nur entscheiden, weil er ein sympathischer Mensch ist; wesentlich wichtiger ist seine Erreichbarkeit und sein Fachwissen. Rechnen Sie immer damit, dass ein Notfall eintritt oder dass Ihr Hund aufgrund einer langwierigen Erkrankung dem Tierarzt häufiger vorgestellt werden muss. Auch sollten seine Sprechzeiten akzeptabel und Termine nach Absprache möglich sein. Es gibt kaum etwas Frustrierenderes als einen ganzen Tag lang auf einen Termin oder den Besuch des Tierarztes warten zu müssen. Jeder niedergelassene Tierarzt hat sein Studium mit einem anerkannten Examen abgeschlossen und erfüllt die Voraussetzungen zum Führen einer eigenen Praxis. Viele von ihnen haben sich zudem durch Aufbaustudien oder Lehrgänge auf bestimmte Bereiche spezialisiert; so gibt es auch unter den Veterinären Fachärzte für Herzerkrankungen (tierärztliche Kardiologen), Hauterkrankungen (tierärztliche Dermatologen), Zahn- und Kiefererkrankungen (tierärztliche Dentisten), Augenerkrankungen (tierärztliche Ophthalmologen), Röntgendiagnose (tierärztliche Radiologen)und solche, die sich besonders mit Knochen-, Muskel- oder Organkrankheiten befassen. Alle Tierärzte sollten die häufig erforderlichen Routinebehandlungen wie zum Beispiel die Versorgung von Wunden und selbstverständlich Impfungen durchführen; wenn Ihr Hund jedoch ernsthaft erkrankt, ist es Ihr gutes Recht, zusätzlich einen Spezialisten zu Rate zu ziehen. Vielleicht stellen Sie bei der Gelegenheit ja auch Unterschiede bei der Höhe des Tierarzthonorars fest. Die Leistungen eines Tierarztes, insbesondere bei hoch spezialisierten Behandlungen, haben

Aufteilung des Einkommens eines Tierarzts nach Leistungen

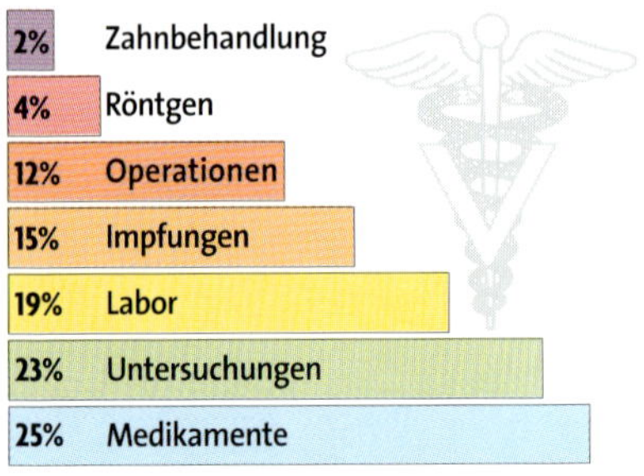

2%	Zahnbehandlung
4%	Röntgen
12%	Operationen
15%	Impfungen
19%	Labor
23%	Untersuchungen
25%	Medikamente

Impfung beim Welpen

Ihr Welpe erhält seine ersten Impfungen bereits im Alter von acht Wochen bei seinem Züchter, also noch bevor Sie ihn mit nach Hause nehmen. Bei Ihrem ersten Tierarztbesuch nach vier Wochen wird nachgeimpft. Besprechen Sie mit Ihrem Tierarzt die nächsten Impftermine, damit Ihr Welpe rundum geschützt ist.

ihren Preis, aber auch hier lohnt sich ein Vergleich. Haben Sie deshalb keine Hemmungen, die möglichen Kosten mit dem Tierarzt zu besprechen, obwohl natürlich die beste Behandlung Ihres Hundes grundsätzlich allerhöchste Priorität haben muss.

Vorbeugende Maßnahmen

Der Entwicklung von Erkrankungen und gesundheitlichen Problemen vorzubeugen, ist in jedem Fall einfacher, billiger und effektiver, als sich mit deren Heilung befassen zu müssen.

Welpen aus guten VDH-Zuchten stammen von Elterntieren ab, die auch auf der Grundlage ihrer genetischen Krankheitsprofile für die Zucht ausgewählt wurden. Ihre Mütter wurden geimpft, waren frei von jeglichen inneren und äußeren Parasitenbefällen und auch in einem einwandfreien Ernährungszustand.

Die erste Milch (Kolostralmilch), die die Welpen von ihrer Mutter erhalten, versorgt sie mit wichtigen Abwehrstoffen für ihre ersten acht bis zehn Wochen. Auch wenn die Mutter frei von Parasiten war, kann sie beim Säugen auch Parasiten und eine Reihe von Krankheiten auf ihre Welpen übertragen. Einige Wurmarten verkapseln sich im Muskelgewebe derart, dass sie nicht durch Parasitenbekämpfungsmittel vernichtet werden können. Die Schwangerschaftshormone setzen die Parasiten frei, so dass sie über die Milch übertragen werden können.

Impfplan

Die meisten Impfungen stehen in Form von Injektionen zur Verfügung, die ausschließlich durch die Hand eines Tierarztes verabreicht werden dürfen. Im Impfpass steht, welche Art von Impfung Ihr Hund erhalten hat und welche Dosierung gegeben wurde.

Die ersten Impfungen werden gewöhnlich in einem Alter von acht Wochen verabreicht und müssen, damit der Hund zuverlässig geschützt ist, mit zwölf bis vierzehn Wochen wiederholt werden. Sie sollten sich in dieser Hinsicht in jedem Fall auf die Empfehlungen Ihres Tierarztes verlassen, denn die Impfabstände können je nach Impfserum unterschiedlich sein. Die meisten Impfstoffe bewirken eine Immunisierung Ihres Welpen gegen die Folgen einer Virusinfektion. Üblicherweise wird gleichzeitig gegen Staupe, Hepatitis und Leptospirose geimpft. Die Impfungen gegen Parvovirose, Tollwut und gegebenenfalls Zwingerhusten (Tracheobronchitis) erfolgen manchmal separat.

Sie sollten sich stets auf den fachmännischen Rat Ihres Arztes verlassen, besonders wenn es um die Auffrischungen geht. Die meisten Impfungen erfordern eine Nachimpfung oder Impfauffrischung, wenn der Welpe ein Jahr alt ist und danach in jährlichen Abständen. In einigen Fällen können die Umstände

Impfen muss sein

Impfungen sind notwendig, um den Hund vor gefährlichen Krankheiten zu schützen. Ohne Tollwutimpfung können Sie mit Ihrem Hund nicht an Sportveranstaltungen, Ausstellungen oder Erziehungskursen teilnehmen. Dies ist der einzige Weg, einer Ansteckung auf solchen Großveranstaltungen vorzubeugen.

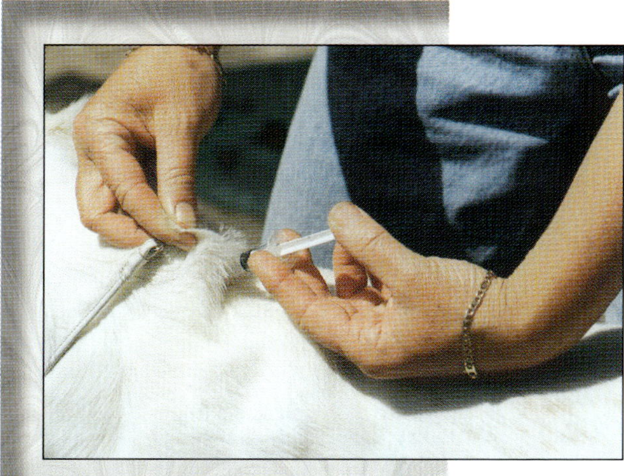

Impfen allein genügt nicht

Impfungen schützen Ihren Hund vor vielen Infektionskrankheiten. Eine ausgewogene Ernährung und die tägliche Kontrolle auf Parasiten halten Ihren Hund gesund und machen ihn weniger empfänglich für die meisten gefährlichen Erkrankungen. Denken Sie daran, dass das Wohlbefinden Ihres Hundes allein in Ihren Händen liegt!

kürzere Abstände zwischen den Impfungen erfordern. Der Impfstoff gegen Zwingerhusten wird in die Nasenlöcher des Hundes gesprüht.

Von der Entwöhnung bis zu einem Alter von fünf Monaten
Welpen sollten im Alter von etwa zwei Monaten vollständig von der Mutter entwöhnt sein. Ein Welpe, der für mindestens acht Wochen mit seiner Mutter und seinen Geschwistern zusammenbleibt, ist besser sozialisiert und zeigt in seinem späteren Leben gewöhnlich gegenüber anderen Hunden und Menschen eine bessere Anpassungsfähigkeit.

In jedem Fall sollten Sie Ihren Welpen in den ersten vier Wochen nach der Übernahme von einem Tierarzt untersuchen lassen, der auch gleich einen Impfplan mit Ihnen aufstellen wird. So können Sie sicher sein, dass Ihr Hund alle notwendigen Impfungen und Auffrischung rechtzeitig erhält. Der Tierarzt wird die Zähne des Welpen untersuchen, seinen Knochenbau überprüfen und ihn einer generellen Grunduntersuchung unterziehen. Welpen können Probleme mit der Kniescheibe, Katarakt oder andere Augenkrankheiten oder anormale Herzgeräusche haben. Bei männlichen Saluki-Welpen sind die Hoden vielleicht nicht

Häufige Infektionskrankheiten

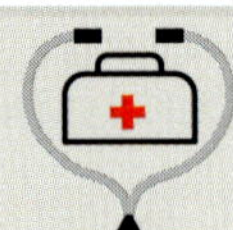

	Dies ist eine...	Infektion durch...	Symptome
Leptospirose	ernste Erkrankung, die die inneren Organe befällt und auf Menschen übertragbar ist	Bakterien, die häufig von Nagetieren übertragen werden, verbreiten sich durch die Schleimhäute schnell im Körper	in leichten Fällen Fieber, Erbrechen, Appetitlosigkeit, in schweren Schock, unheilbare Nierenschäden, kann schlimmstenfalls zum Tod führen
Tollwut	potentiell tödlich verlaufende Viruserkrankung, die warmblütige Säugetiere befälllt	den Biss eines infizierten Tieres (vornehmlich Wildtiere)	1. Stadium – Verhaltensänderung, Angst 2. Stadium – zunehmende Aggressivität 3. Stadium – Koordinationslosigkeit, Schwierigkeiten mit den Körperfunktionen
Parvovirose	hochgradig ansteckende, oft tödlich verlaufende Viruserkrankung	die orale Aufnahme des Virus über den Kot infizierter Hunde	üblicherweise sehr heftige Durchfälle, Erbrechen, Mattigkeit und Appetitlosigkeit
Zwingerhusten	ansteckende Atemwegsinfektion	die Kombination von verschiedenen Bakterien- und Virentypen; meistverbreitet *Bordetella bronchiseptica bacteria* und das Parainfluenzavirus	chronischer Husten
Staupe	Erkrankung, die primär die Atemwege und das Nervensystem befällt	ein Virus, das mit dem menschlichen Masernvirus verwandt ist	leichte Symptome wie Fieber, Appetitlosigkeit und Schleimabsonderungen entwickeln sich zu offensichtlichen Hirnschäden, Hartballenkrankheit
Hepatitis	ein Virus, das hauptsächlich die Leber angreift	ein Adenovirus Typ 1 (CAV-1) des Hundes; wird durch Einatmen aufgenommen	schwächere Symptome: Apathie, Durchfall und Erbrechen, schwerere Symptome sind beispielsweise Virusansammlungen in den Augen („blaue Augen")
Coronavirus	Verdauungsstörungen bewirkende Viruserkrankung	den Kot infizierter Hunde	Magenbeschwerden mit Appetitlosigkeit, Erbrechen und Durchfall

Gesundheits- und Impfplan

Alter in Wochen	3.	6.	8.	10.	12.	14.	16.	20–24.
Entwurmung	✔	✔	✔	✔	✔	✔	✔	✔
Parvovirose-Impfung		✔		✔				
Staupe-Impfung			✔		✔			
Hepatitis-Impfung			✔		✔			
Leptospirose-Impfung			✔		✔			
Parainfluenza			✔		✔			
Zahnkontrolle			✔					✔
Grunduntersuchung			✔					✔
Wesenstest			✔					
Zwingerhusten					✔			
Tollwut					✔			✔

Dieses Schema wird häufig angewandt, kann jedoch individuell je nach Bedarf abgeändert werden. Wichtig: Impfungen sind nicht sofort wirksam! Das Immunsystem des Hundes benötigt etwa drei Wochen, um genügend Antikörper zu bilden. Die meisten Impfungen müssen jährlich aufgefrischt werden; bitte fragen Sie Ihren Tierarzt.

korrekt abgestiegen, aber in den meisten Fällen entwickeln sie sich korrekt vor Erreichen des ersten Lebensjahres . Vielleicht zeigt Ihr Welpe auch Verhaltensauffälligkeiten, die Sie mit dem Rat Ihres Tierarztes durch Ihre Erziehung noch beheben können.

Bedenken Sie auch, dass die kritische Phase der Sozialisierung in den Zeitraum zwischen der achten und sechzehnten Woche fällt. Der regelmäßige Kontakt zu anderen Menschen ist nun besonders wichtig. Fehlt er dem Welpen, kann es später zu ernsthaften Problemen im Zusammenleben kommen.

Im Alter von fünf bis zwölf Monaten

Spätestens im Alter von fünf Monaten sollte der Welpe nach Erhalt aller Impfungen über einen vollständigen Impfschutz verfügen. Bei einer eingehenden Zahnuntersuchung mit sechs Monaten sollte festgestellt werden, ob alle neuen Zähne richtig im Kiefer stehen. Zu Hause sollten Sie für eine gute Zahnpflege sorgen, indem Sie Ihrem Hund spezielles Kauspielzeug geben und wöchentlich zweimal die Zähne putzen.

In diesem Alter hat Ihr Welpe alle Grundimpfungen und die ersten Gesundheitstests hinter sich. Nun ist es an der Zeit, sich den Kleinen im Hinblick auf den Rassestandard anzusehen. Hat er kleine oder größere Mängel, die ihn für die Zucht und Ausstellung ungeeignet machen, kann er damit sicher sehr gut leben und bleibt für Sie trotzdem ein liebenswerter Freund.

Sie sollten sich nun ernsthaft überlegen, ob Sie ihn kastrieren lassen. In den USA wird dies routinemäßig schon ab dem Alter von sechs Monaten empfoh-

Die Haare eines Hundes bei 200-facher Vergrößerung. Die Kutikula (der äußere Mantel) sieht gesund und sauber aus. Im Gegensatz zu menschlichen Haaren, die nur von der Wurzel aus wachsen, wächst das Hundehaar auch an den Enden, wie das kleine Foto zeigt.

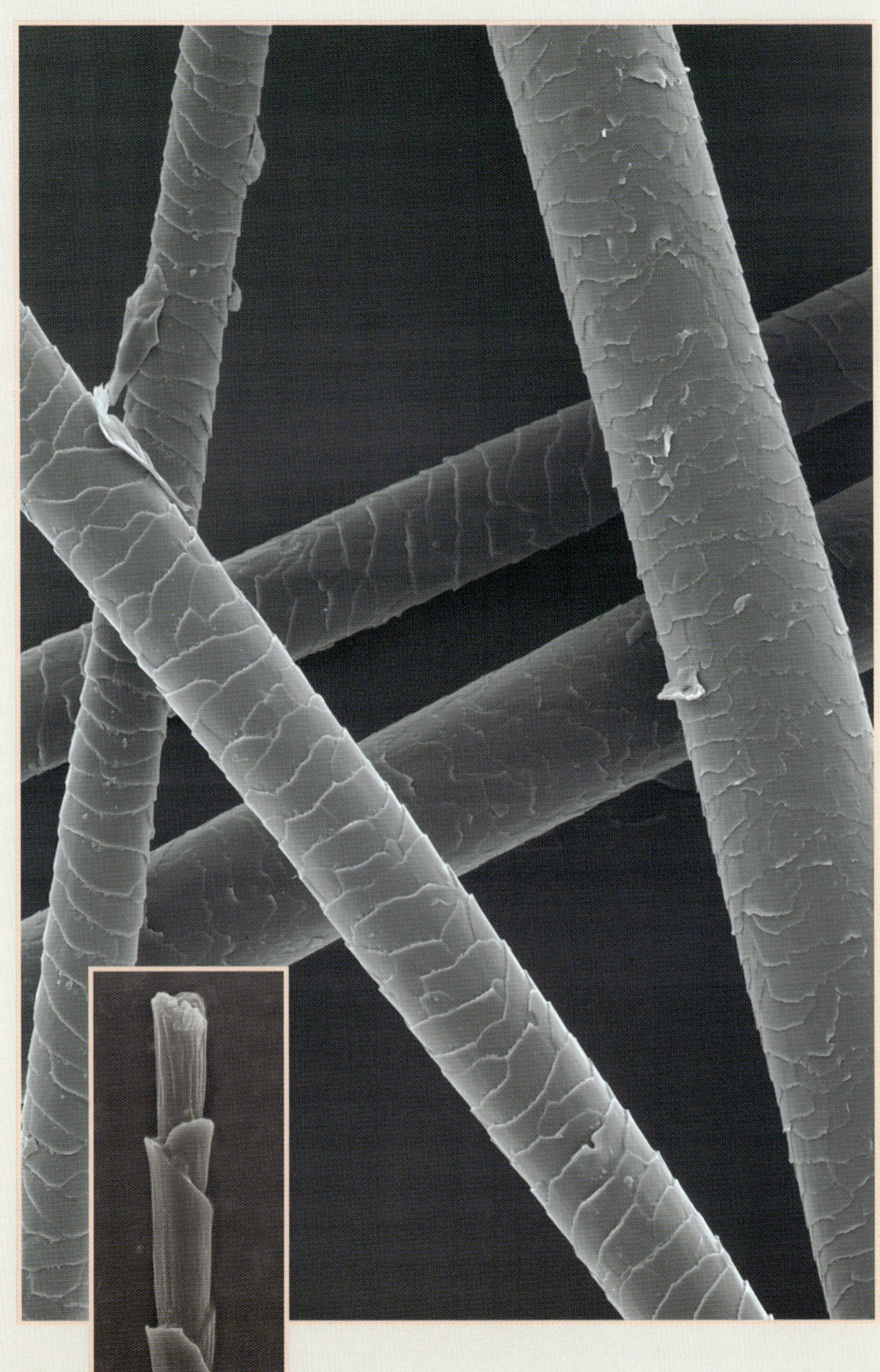

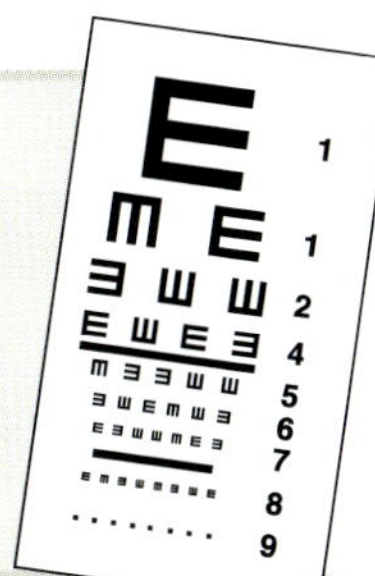

Auf die Augen kommt es an!

Augenerkrankungen sind bei Hunden verbreiteter, als viele Menschen vielleicht glauben. Dabei sind es manchmal nur leichte Infektionen, die schnell behandelt werden können, manchmal aber auch schwere Leiden, die zum völligen Erblinden führen. Mit allen Augenproblemen Ihres Hundes müssen Sie sich umgehend an Ihren Tierarzt wenden, um möglichst noch im Frühstadium bleibende Schäden zu vermeiden.

Katarakt (Grauer Star) Die Katarakt erkennen Sie an einer weißlichen bis grauen Verfärbung der Linse, die die Sehfähigkeit mehr oder weniger einschränken kann. Die operative Entfernung der alten und gegebenenfalls das Einsetzen einer künstlichen Linse stellt die alte Sehfähigkeit häufig fast vollständig wieder her. Vorraussetzung ist, dass die Netzhaut voll funktionsfähig ist.

Konjunktivitis (Bindehautentzündung) Hierbei handelt es sich um eine Entzündung der Bindehaut, die die hintere Fläche der Augenlider überzieht und die Nickhaut bildet. Die Bindehaut ist gerötet, schwillt an und das Auge tränt stark. Die Entzündung wird mit Heilsalbe oder Antibiotika behandelt.

Verletzungen der Hornhaut Die durchsichtige Hornhaut liegt über der Iris und der Pupille. Verletzungen sind schwer zu erkennen und führen oft zu bleibenden Schäden, zu Rötungen und Schmerzen. Infektionen der Hornhaut werden oft mit Antibiotika behandelt. Suchen Sie mit Ihrem Hund auf jeden Fall den Tierarzt auf.

Trockenes-Auge-Syndrom Dieser Zustand wird durch eine Unterproduktion von Tränenflüssigkeit verursacht, die die Oberfläche des Auges benetzt und damit schützt. Ein Alarmzeichen ist ein gelblich grüner Ausfluss. Unbehandelt kann dieses Syndrom recht schmerzhaft werden, das Auge kann sich entzünden und möglicherweise erblinden. Normalerweise lässt sich das Auge mit Antibiotika behandeln, schwerere Fälle müssen operiert werden.

Glaukom (Grüner Star) Ein Glaukom wird durch einen erhöhten Augeninnendruck verursacht. Als Symptome treten gerötete Augen, eine grünliche Verfärbung des Auges, Schmerzen, ein vergrößerter Augapfel und Verlust der Sehkraft auf. Antibiotika helfen manchmal, meistens muss das betroffene Auge operiert werden.

len, sachkundige europäische Tierärzte raten dazu, den Eingriff im zweiten Lebensjahr vorzunehmen. Dies hat für Ihren Hund auch gesundheitliche Vorteile: Unerwünschte Trächtigkeiten sind ausgeschlossen, die Gefahr von Gesäuge- und Gebärmutterkrebs bei Hündinnen und Prostatakrebs beim Rüden ist deutlich reduziert. Viele Saluki-Hündinnen werden nach dem zwölften Lebensmonat das erste Mal läufig, auch wenn manche schon im achten Monat die erste Hitze durchlaufen. Eine Kastration kann aber zu einem verstärkten, wolligen Haarwuchs sowie Änderungen des Temperaments führen und muss deshalb gut abgewägt werden.

Zeitpunkt der Kastration	Risiko von Gesäugekrebs
vor der 1. Läufigkeit	0,05 %
zwischen 1. und 2. Läufigkeit	8,00 %
nach der 2. Läufigkeit	26,00 %

Im Alter von ein bis sieben Jahren
Sie sollten Ihren Hund mindestens einmal jährlich zwecks einer ausgiebigen Grunduntersuchung bei Ihrem Tierarzt vorstellen. Das Älterwerden ist zwar keine Krankheit, jedoch verändert sich die Funktionsfähigkeit der inneren Organe wie der Leber, der Niere und des Verdauungssystems, und es kommt zu einem verlangsamten Stoffwechsel. Die von Ihrem Tierarzt in dieser Phase empfohlene Umstellung der Ernährung Ihres Saluki kann ihm und Ihnen das Leben leichter machen. Jährliche Blutuntersuchungen geben Ihnen weitere Aufschlüsse über die Gesundheit Ihres Hundes.

Hauterkrankungen beim Saluki

Tierärzte werden häufig wegen Hautproblemen konsultiert. Die Haut von Hunden ist fast genauso empfindlich wie die Haut von uns Menschen, und beide leiden nahezu unter denselben Hautproblemen. Aus diesem Grund ist die Veterinärdermatologie zu einem Spezialgebiet geworden, mit dem sich inzwischen viele Tierärzte befassen.
Da viele Hautprobleme mit sichtbaren Symptomen in Verbindung stehen, die sich generell ähnlich sind, erfordert die Erkennung und Heilung vieler ernsthafter Hautprobleme das Wissen eines erfahrenen Veterinärdermatologen. In Zoofachgeschäften sind eine Reihe von Produkten zur Behandlung von Hautproblemen erhältlich, jedoch beschränkt sich deren Wirkung meist nur auf die Behandlung der Symptome, nicht jedoch auf den oder die eigentlichen Auslöser des Problems. Wenn Ihr Hund unter einer Form von Hautkrankheit leidet, suchen Sie so schnell wie möglich die Hilfe eines Spezialisten. Je früher ein Problem erkannt und behandelt wird, umso besser sind die Chancen für eine erfolgreiche Heilung.

Haarausfall

Salukis haben bemerkenswert wenige Probleme mit Hauterkrankungen, sicherlich auch weil sie kurzhaarig sind und kaum Falten in der Haut haben. Das häufigste Problem ist Haarausfall, der aber selten auf eine Erkrankung der Haut zurückzuführen ist. Meist ist er ein Anzeichen für eine Schilddrüsenunterfunktion. Wenn Sie bei Ihrem Saluki bemerken, dass er Haare, vielleicht auch nur an bestimmten Stellen, verliert, lassen Sie seine Schilddrüse untersuchen.
Haarverlust kann auch die Folge einer falschen, zu proteinhaltigen Nahrung sein. Meist verlieren die Hunde dann Haare am Bauch und den Läufen. Nach einer Nahrungsumstellung auf ein Futter mit weniger Protein löst sich das Problem meist von selbst.

Parasitenbisse

Viele Menschen reagieren auf Insektenstiche allergisch. Der Stich juckt, schwillt an und entzündet sich häufig. Hunde zeigen auf Floh-, Zecken- und Milbenbisse nahezu dieselbe Reaktion. Wenn Sie ein Insekt auf Ihrer Haut spüren, haben sie die Möglichkeit, es mit der Hand zu vertreiben. Wenn Ihr Hund jedoch von einem Floh, einer Zecke oder Milbe gebissen wird, kann er den Plagegeist nur wegkratzen oder abbeißen. Sobald aber Ihr Hund von einem solchen Parasiten gebissen wurde, ist auch schon ein Teil des Schadens angerichtet. Er kann sogar schon Eier im Fell des Hundes abgelegt haben, die dann für weitere Probleme sorgen. Der Juckreiz durch den Parasitenbiss ist auf den injizierten Speichel zurückzuführen, der das Blut des Hundes am Gerinnen hindert.

Autoimmunerkrankungen der Haut
Autoimmune Hautprobleme werden häufig als „gegen sich selbst allergisch sein" interpretiert, während Allergien entzündliche Reaktionen auf einen äußeren Reiz sind. Autoimmunerkrankungen verursachen im betroffenen Körperbereich schwere Gewebeschäden. Diese Art der Erkrankung lässt sich erfolgreich mit Kortikosteroiden behandeln, jedoch kann eine längere Verabreichung dieser Medikamente schädliche Nebenwirkungen haben.
Autoimmunerkrankungen treten beim Saluki glücklicherweise selten auf.

Pollenallergie
Eine auch bei Hunden häufige Allergie ist die Pollenallergie. Menschen leiden unter Heuschnupfen und ähnlichen Erscheinungen, die während der Blütezeit verschiedener Pflanzen und Gräser auftreten. Hunde können unter denselben Allergien leiden, so dass auch Ihr Hund Symptome zeigt, sobald die Pollenbelastung der Luft einen gewissen Grad erreicht hat. Natürlich äußert sich das bei einem Hund nicht wie beim Menschen durch Niesen und eine laufende Nase – sie reagieren auf eine Pollenallergie in gleicher Weise wie auf Flohbisse, indem sie sich kratzen und beißen.

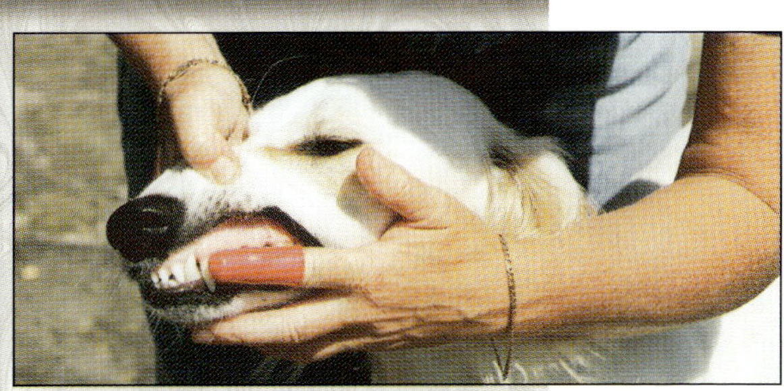

Zahnuntersuchung
Regelmäßige Zahnuntersuchungen sind ab einem halben Jahr sinnvoll, da nun Wachstumsstörungen der bleibenden Zähne noch beeinflusst werden können. Es gibt Zahnbürsten, die beide Zahnseiten gleichzeitig säubern. Strapazierfähiges Kauspielzeug sollte zur Grundausstattung gehören. Das Kauen reinigt die Zähne und fördert die Durchblutung des Zahnfleischs. Studien zeigen, dass über die Hälfte aller Hunde an irgend einer Form von Zahnfleischentzündung leidet – und dies schon mit drei bis vier Jahren oder früher. Sie können mit Kauspielzeugen und zwei- bis dreimaligem Zähneputzen pro Woche das Leben Ihres Hundes um Jahre verlängern. Hat sich echter Zahnstein gebildet, kann dieser nur unter Narkose vom Tierarzt entfernt werden.

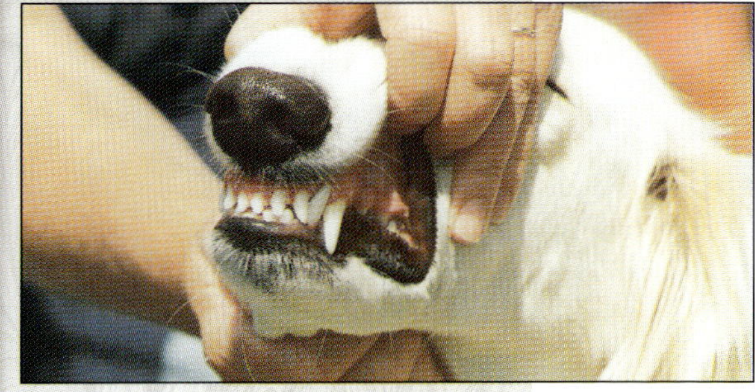

Hunde können genau wie Menschen auf vorhandene Allergien hin getestet werden. Lassen Sie sich über derartige Allergietests von Ihrem Tierarzt beraten.

Probleme mit dem Futter

Futterallergien

Hunde können gegen viele Futterarten allergisch sein, selbst wenn dies Spitzenprodukte sind, die von Züchtern und Tierärzten empfohlen werden. Die Futtersorte zu wechseln muss nicht die Lösung des Problems sein, denn das Futterelement, auf das der Hund allergisch reagiert, kann auch in anderen Futtersorten enthalten sein. Das Erkennen einer Futterallergie ist schwierig. Wenn Menschen etwas essen, was sie nicht vertragen, bekommen sie einen Hautausschlag oder sie erbrechen. Hunde können sich zwar erbrechen, doch bekommen sie gewöhnlich keinen Ausschlag. Dafür verspüren sie einen unablässigen Juckreiz und kratzen und beißen sich unentwegt, wodurch die Diagnose sehr erschwert wird. Während Pollenallergien und Parasitenbisse nur zu bestimmten Jahreszeiten auftreten, sind Futterallergien ein ganzjähriges Problem.

Hundeohren

Nicht alle Hundeohren sind gleich. Stehende Ohren werden besser durchlüftet als hängende. Manche Hunde haben zwei unterschiedliche Ohren. Wenn Sie das Ohr reinigen, dürfen Sie niemals versuchen, zu tief in das Ohr einzudringen. Reinigen Sie die Ohren nur mit weichen Wattepads und speziellen Ohrreinigern – niemals mit Wattestäbchen!

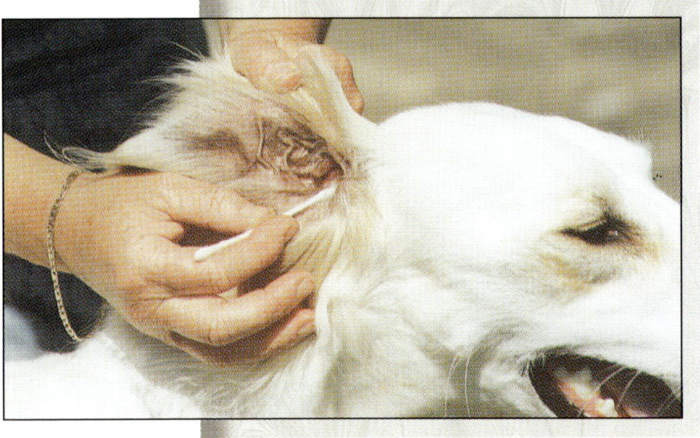

Futterunverträglichkeiten

Futterunverträglichkeiten zeigen die Unfähigkeit eines Hundes, bestimmte Futterarten vollständig zu verdauen. Welpen, die keinerlei Probleme mit der Muttermilch hatten, können Unverträglichkeiten bei Kuhmilch zeigen. Die Ergebnisse einer solchen Futterunverträglichkeit können Durchfall, Blähungen und Magenschmerzen sein. Da dies die einzigen offensichtlichen Symptome für eine Futterunverträglichkeit sind, gestaltet sich die Diagnose schwierig.

Die Behandlung von Futterproblemen

Sie können versuchen selbst herauszufunden, worauf Ihr Hund allergisch reagiert. Ernähren Sie Ihren Hund mit einem Futter, das er vorher noch nie erhalten hat. Beginnen Sie dabei am besten mit einer einzelnen Zutat, die nicht in seinem bisherigen Futter enthalten war. Da Zutaten wie Rinderhack oder Fisch in vielen

Futtersorten enthalten sind, versuchen Sie es etwas Ausgefalleneres wie Strauß, Kaninchen oder gekochtes Gemüse. Behalten Sie diese Diät ohne weitere Zusätze für einige Zeit bei. Wenn die Symptome abklingen, haben Sie die Ursache wahrscheinlich ausgegrenzt.

Denken Sie nicht, dass Sie Ihren Hund mit dieser einen Zutat ernähren können, denn Sie müssen eine ausgewogene Ernährung zusammenstellen. Finden Sie heraus, welche Zutaten in seinem alten Futter das Problem auslösten. Das kann bei Fertigfuttern fast unmöglich sein. Es gibt jedoch spezielle Futtersorten für Hunde mit Allergien. Sie können auch versuchen, das Problem weiter einzugrenzen, indem Sie immer weitere Futterbestandteile hinzufügen. Nach jedem neuen Bestandteil behalten Sie die Diät für einen Monat bei, bevor Sie den nächsten hinzufügen. So können Sie mit der Zeit herausfinden, was der Auslöser der Futterallergie oder -unverträglichkeit war.

Eine Alternative ist, die einzelnen Komponenten des Futters, das Ihr Hund nicht vertragen hat, eingehend zu studieren. Kaufen Sie dann ein anderes Futter, das die Hauptzutaten der alten Futtersorte nicht enthält. Geben Sie ihm nun für einen Monat das neue Futter und beobachten Sie, ob die Symptome abklingen. Leider enthalten viele Hundefuttersorten die gleichen Inhaltsstoffe, ähnliche Konservierungsmittel und Zutaten. Es ist deshalb meistens nicht sehr erfolgversprechend, nur auf eine andere Sorte umzusteigen, aber es ist einen Versuch wert, bevor Sie mit relativ viel Aufwand jede einzelne Zutat auf ihre allergene Wirkung hin prüfen.

Temperatur und Puls

Die normale Köpertemperatur eines Hundes liegt mit 38,5 °C deutlich höher als beim Menschen. Schwankungen zwischen 37 und 39 °C sind zu tolerieren, da jeder Hund seine ideale Temperatur hat. Es ist daher sinnvoll, die Temperatur Ihres Hundes zu messen, wenn Sie sicher sein können, dass er gesund ist, um im Krankheitsfall einen Vergleichswert zu besitzen.

Die normale Pulsfrequenz eines Hundes liegt zwischen 100 und 125 Schlägen pro Minute und somit deutlich über dem Ruhepuls des Menschen.

Äußere Parasiten (Ektoparasiten)

Von allen Problemen, zu denen Hunde neigen, ist wohl keines besser bekannt und frustrierender als das Flohproblem. Ein Flohbefall ist zwar relativ einfach zu behandeln, dafür umso schwieriger zu verhindern. Parasiten, die im Inneren eines Hundes ihr Unwesen treiben, sind schwieriger zu behandeln, dafür aber einfacher zu kontrollieren.

Flöhe

Es ist möglich, Flohbefälle zu kontrollieren, jedoch müssen Sie dazu den Lebenszyklus des Flohs verstehen. Gewöhnlich sind Flöhe ein im Sommer auftretendes Problem, aber da sich Flöhe in unseren zentralbeheizten Räumen inzwischen das ganze Jahr wohlfühlen, haben wir auch das ganze Jahr mit ihnen zu kämpfen. Eine effektive Beseitigung bezieht auch das Umfeld mit ein. Es gibt leider kein einziges Mittel gegen Flöhe, das stets und überall mit gleich gutem Erfolg eingesetzt werden kann. Für eine effektive Flohkontrolle muss die Behandlung gezielt jedes Stadium des Lebenszyklus des Flohs bekämpfen.

Entwicklungsstadien des Flohs

Während seines Lebens durchläuft der Floh vier Stadien: Ei, Larve, Puppe und adulter Floh. Um die Eier, Puppen oder

Eine Aufnahme des Hundeflohs, *Ctenocephalides canis* durch ein Raster-Elektronen-Mikroskop (REM).

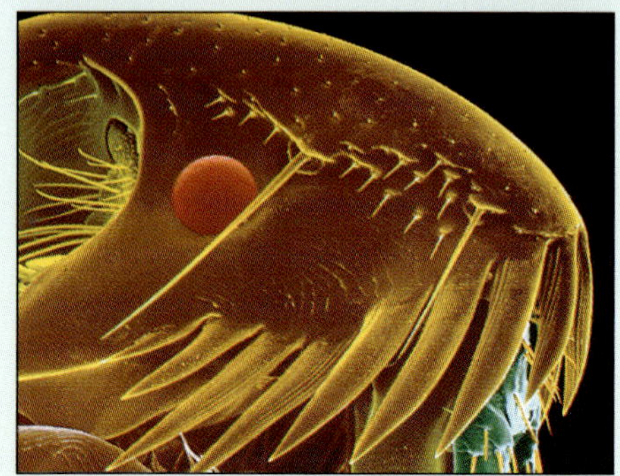

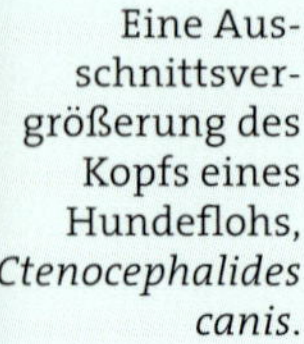

Eine Ausschnittsvergrößerung des Kopfs eines Hundeflohs, *Ctenocephalides canis*.

Flöhe in Zahlen

Flöhe gibt es bereits seit Millionen von Jahren, und sie haben sich an immer neue Wirtstiere angepasst. Sie können einen kompletten Lebenszyklus in weniger als einem Monat durchlaufen oder ihr Leben auch um fast zwei Jahre verlängern, indem sie für die Dauer dieser Zeit im Puppenstadium verbleiben, bis die Lebensumstände günstiger sind. Adulte Flöhe können mehrere Monate ohne jegliche Nahrung überleben.

Es ist erwiesen, dass Flöhe das 300-fache ihrer eigenen Körperlänge überspringen können. Dies sind nur einige der Gründe, warum sie beim Befallen von Hunden so erfolgreich sind.

Larven zu erkennen, brauchen Sie ein Mikroskop. Flöhe verbringen ihr ganzes Leben auf einem Hund, wenn sie nicht gewaltsam durch Bürsten, Baden, Kratzen oder Beißen entfernt werden. Der Hundefloh heißt wissenschaftlich *Ctenocephalides canis*, der Katzenfloh heißt *Ctenocephalides felis*. Verschiedene Floharten können Hunde und Katzen gleichermaßen befallen. Flöhe legen ihre Eier auf dem Hund ab. Die Eier fallen ab, sobald sie getrocknet sind (bei der Ablage sind sie noch leicht feucht und haften so gut am Fell des Hundes). Sie sind der Grundstock für künftige Flohplagen. Wenn Ihr Hund einmal einige Flöhe herunterkratzt, warten sie auf ihr nächstes Opfer – einen Hund oder auch einen Menschen! Sie haben richtig gehört, Hundeflöhe befallen auch Menschen. Gerade deshalb ist es so wichtig, dass Sie einen Flohbefall ernst nehmen. Die Bekämpfung muss gleichzeitig die Flöhe treffen, die sich auf Ihrem Hund befinden und die, die sich in der Wohnung und den Lieblingsplätzen Ihres Hundes befinden. Sie sind das Problem so lange nicht los, solange Sie nicht alle Flöhe, Eier, Larven und Puppen beseitigt haben!

Entflohen Sie Ihr Zuhause

Sauberkeit ist der Schlüssel zum Erfolg. Wenn Sie eine Katze besitzen, ist die

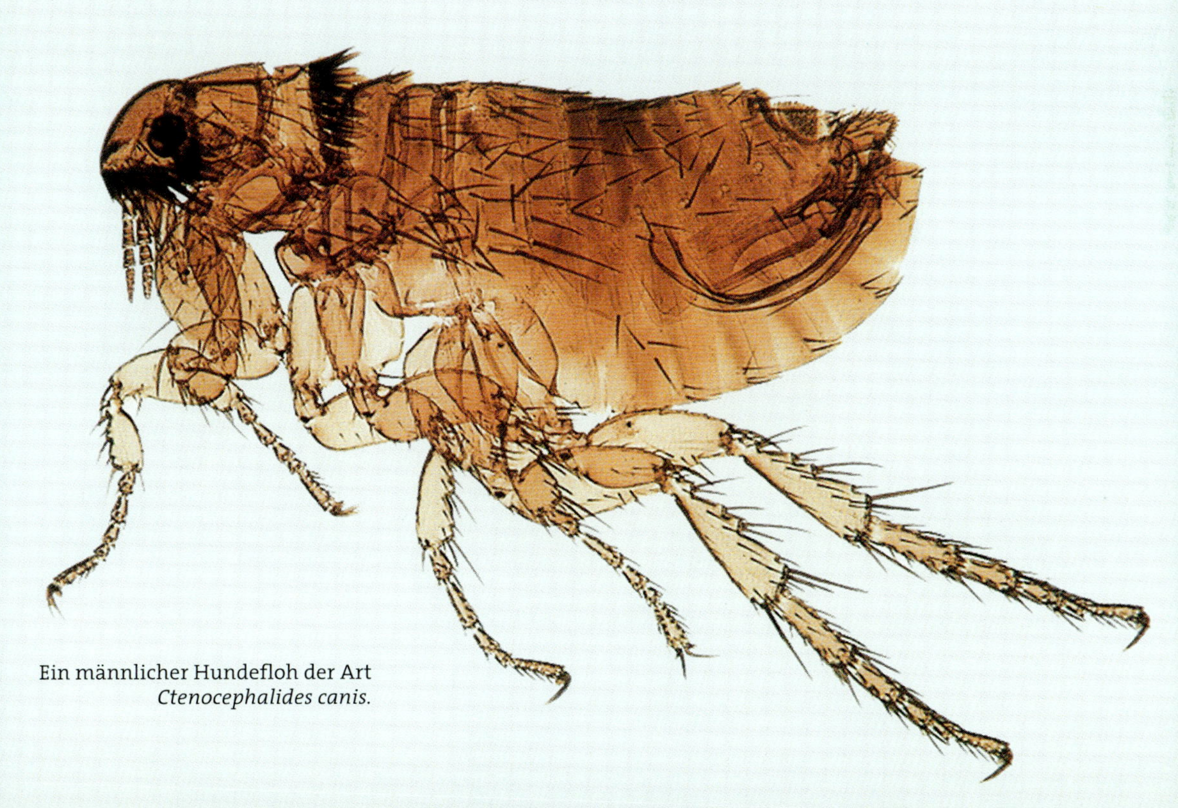

Ein männlicher Hundefloh der Art *Ctenocephalides canis.*

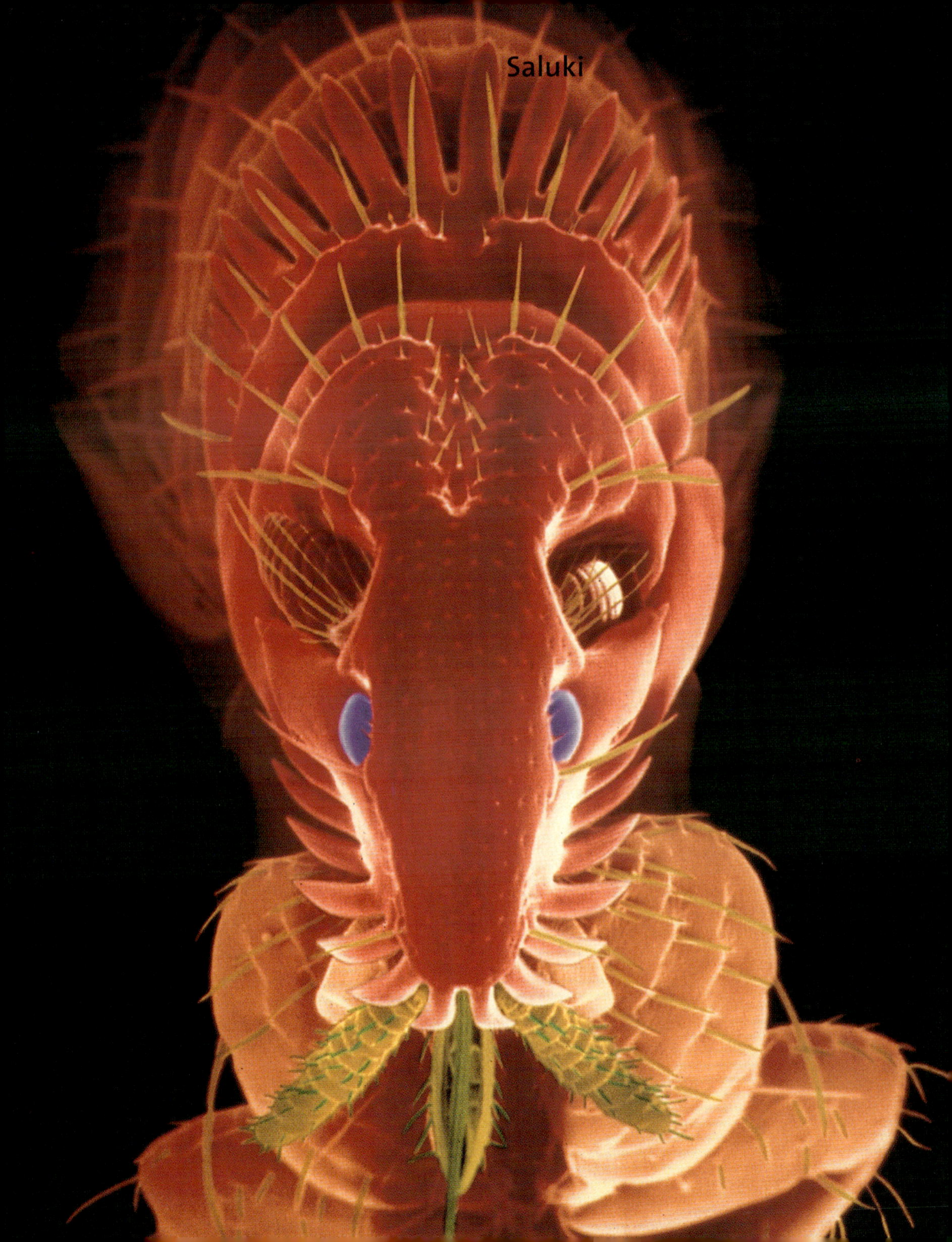
Saluki

Bekämpfung noch schwieriger, da die meisten Hundeflöhe eigentlich Katzenflöhe sind und Katzen in Bereiche hochklettern, die der Hund nicht erreichen kann (beispielsweise Fensterbänke und Tische) und die Sie zusätzlich reinigen müssen. Wischen Sie Böden (Fliesen, Linoleum, Laminat, Dielen oder Parkett) regelmäßig auf, denn alle heruntergefallenen Essensreste sind Nahrung für die Flohlarven! Saugen Sie den Teppichboden und Ihre Polstermöbel mehrmals täglich. Vergessen Sie dabei nicht, auch die Kissen und unter den Möbel zu saugen. Versuche haben gezeigt, dass normale Bodenstaubsauger nur etwa 20 Prozent der Larven und 50 Prozent der Eier wirklich aufsaugen. Die Staubsaugerbeutel sollten Sie nach dem Saugen in einem verschließbaren Plastikbeutel entsorgen und den Staubsauger gründlich reinigen. Behandeln Sie auch Ihren Garten mit einem Antiflohmittel.

Für Ihre Wohnung kann Ihnen Ihr Tierarzt sicher ein Spray empfehlen, das Sie aber sehr gewissenhaft nur nach Anleitung einsetzen dürfen.

Es gibt eine Vielzahl von Antiflohmitteln für den Hund selbst, die Sie nur nach Absprache mit Ihrem Tierarzt verwenden sollten.

Wussten Sie schon?

Vermischen Sie niemals verschiedene Flohmittel, ohne vorher Ihren Tierarzt dazu befragt zu haben. Einige können in Verbindung mit anderen toxisch wirken und schwere gesundheitliche Schäden verursachen.

Wussten Sie schon?

Flohbekämpfungsmittel sind giftig. Sie sollten diese Mittel nicht an Stellen einsetzen, an denen sich Ihr Hund lecken kann, nicht an seinen Genitalien und nicht in seinem Gesicht. Die Behandlung mit Medikamenten zur Einnahme ist sicherer, aber sprechen Sie mit Ihrem Tierarzt, denn nicht jeder Hund verträgt diese Flohmittel.

Darunter gibt es Einzel- und Kombinationspräparate. Manche bekämpfen die Parasiten innerlich, indem sie ihre Vermehrung verhindern. Sie werden regelmäßig als Tabletten gegeben. Flohhalsbänder wirken ebenso vorbeugend. Bestimmte Präparate werden dem Hund in den Nacken geträufelt und verhindern gleichzeitig einen Befall mit Zecken. Bei einem akuten Befall wird der Tierarzt meistens zu einem Spray raten.

Das Umfeld muss entfloht werden

Es genügt nicht, wenn Sie nur Ihre Wohnung mit dem Staubsauger, dem Mop und Anti-Floh-Mitteln reinigen, Sie müssen zumindest noch den Garten von den Flöhen befreien. Wenn Sie dabei Insektizide versprühen, achten Sie darauf, dass Sie keine anderen Insekten und Tiere vergiften. Halten Sie die Mittel fern von Ihrem Gartenteich. Wählen Sie auch für draußen ein Mittel, das Ihrem Hund nicht gefährlich werden kann, zur Sicherheit lassen Sie Ihren Hund nach der Behandlung nicht sofort in den Garten.

Gegenüberliegende Seite: Eine Elektronenmikroskopaufnahme eines Flohs, *Ctenocephalides*, in mehr als 100-facher Vergrößerung. Für einen besseren Kontrast wurde die Aufnahme eingefärbt.

Der Lebenszyklus eines Flohs

Eier

Larve

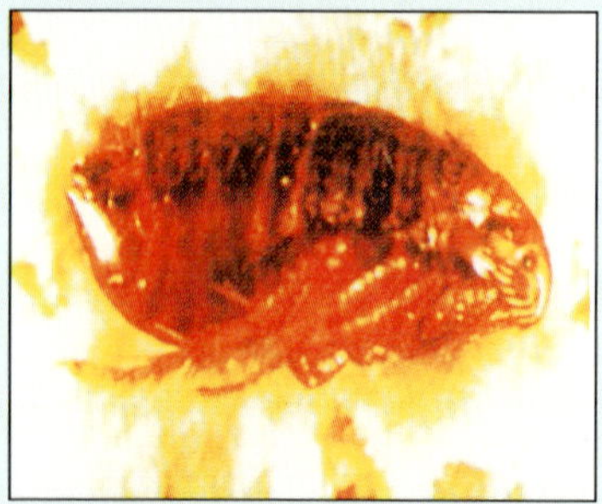

Puppe

Erwachsener Floh

Achtung Flöhe!

Wachstumshemmer

Zur Flohbehandlung sollten zwei Mittel eingesetzt werden – eines zur Behandlung des Hundes und eines zur Behandlung des Lebensraums. Adulte Flöhe stellen nur 1% der Flohpopulation dar. Die präadulten Flöhe (Eier, Larven und Puppen) bilden die anderen 99% der Flohpopulation und sind im Lebensraum des Hundes zu finden. Im Fall von präadulten Flöhen sollte ein Mittel verwendet werden, das einen Wachstumsregulator für Parasiten enthält.

Wachstumsregulatoren stellen eine neue Klasse von Wirkstoffen dar, die die Entwicklung von Parasiten verhindern. Sie töten den Parasiten nicht sofort, sondern benutzen stattdessen die Biologie der Parasiten, um diese gegen sie einzusetzen und sie am Wachstum zu hindern. Methopren enthaltende Produkte sind weltweit die führenden Wachstumsregulatoren. Für die Kontrolle von Flöhen und anderen Parasiten eingesetzt, stoppt dieser Wachstumsregulator die Weiterentwicklung der Flohlarve und schützt Ihr Haus so bis zu sieben Monate vor einem Flohbefall.

Flöhe bekämpfen

Schützen Sie sich in folgender Weise vor Flöhen:

- Geben Sie dem Badewasser Ihres Hundes etwas Pennyroyal- oder Eukalyptusöl bei. Diese natürlichen Mittel verjagen Flöhe.
- Reichern Sie das Futter Ihres Hundes mit frischem Knoblauch und einer guten Portion Bierhefe an, denn beides hält Flöhe fern.
- Begrenzen Sie den Bewegungsfreiraum Ihres Hundes auf wenige Räume, um die Verbreitung der Flöhe einzudämmen.
- Saugen sie täglich, auch in Spalten und Ritzen. Tauschen Sie die Staubsaugertüten alle paar Tage aus, bis das Problem unter Kontrolle ist.
- Waschen Sie täglich die Decken Ihres Hundes. Decken Sie Kissen und Polstermöbel, auf denen Ihr Hund sich aufhalten darf, mit Handtüchern ab und waschen Sie diese so oft wie möglich.

Zecken und Milben

Obwohl nicht so häufig wie Flöhe, gibt es Zecken und Milben überall auf der Welt in den tropischen und gemäßigten Klimazonen. Auch sie ernähren sich vom Blut ihrer Opfer, beißen diese aber nicht, sondern bohren sich mit ihren scharfen Mundwerkzeugen in ihre Haut. Sie ernähren sich ausschließlich von Blut und injizieren ihren Speichel in die Bisswunde, um das Blut am Gerinnen zu hindern. Zecken und Milben sind Überträger einer Reihe von sehr unangenehmen Erkrankungen, die teilweise sogar tödlich verlaufen können, beispielsweise das Zeckenfieber. Ihr Lebensraum ist dem der Flöhen ähnlich, sie bevorzugen kleinste Risse und Spalten in Wänden. Diese Parasiten können Sie mit den gleichen Mitteln wie Flöhe bekämpfen.

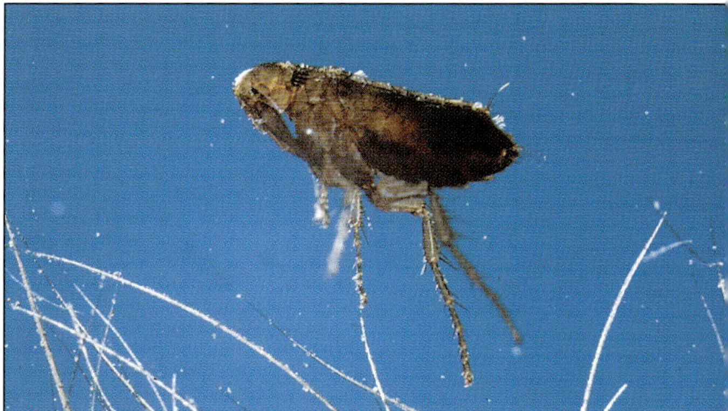

Diese Vergrößerung zeigt einen Floh, wie er auf einen Hunderücken springt.

Die Hundezecke, *Dermacentor variabilis,* ist weltweit am häufigsten zu finden, besonders im feuchtwarmen Klima. Die meisten Hundezecken haben eine Lebenserwartung zwischen einer Woche und sechs Monaten, was ganz von den herrschenden Klimabedingungen abhängt. Sie können weder springen noch fliegen, sondern krabbeln herum und können beim Angriff auf einen schlafenden und nichts Böses ahnenden Hund Strecken von bis zu fünf Metern zurücklegen.

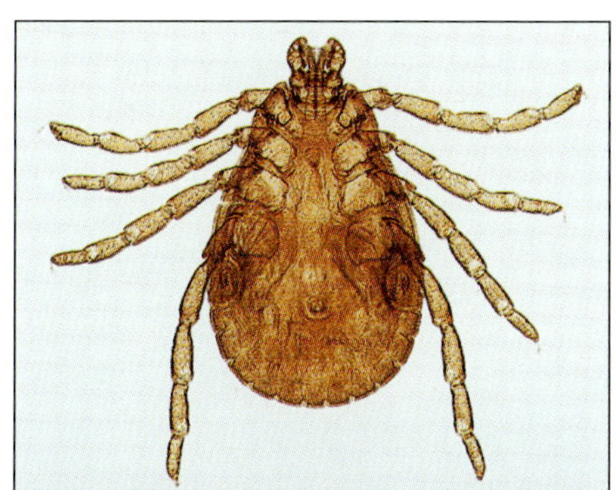

Die Braune Hundezecke, *Rhipicephalus sanguineus,* ist ein selten auf Hunden zu findender, aber unangenehmer Quälgeist.

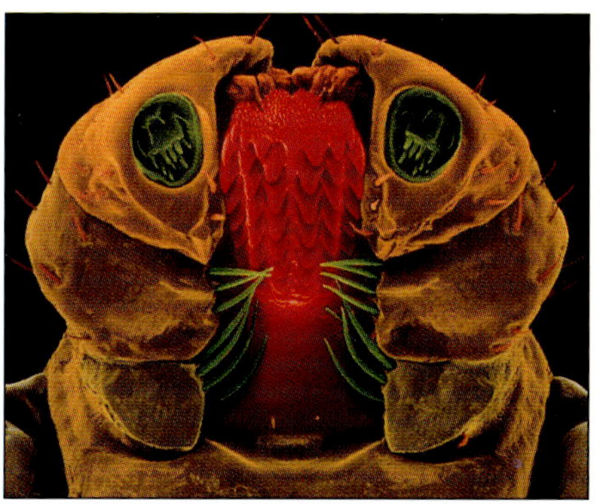

Der Kopf der Hundezecke, *Dermacentor variabilis*, vergrößert und eingefärbt.

Räude

Milben verursachen Hautreizungen, die sämtlich als Räude bezeichnet werden. Einige sind ansteckend, wie die Ohrmilben, Sarkoptes-Milben oder Cheyletiella-Milben. Die demodikotische Räude geht mit einem Befall durch Demodex-Milben einher, sie ist nicht

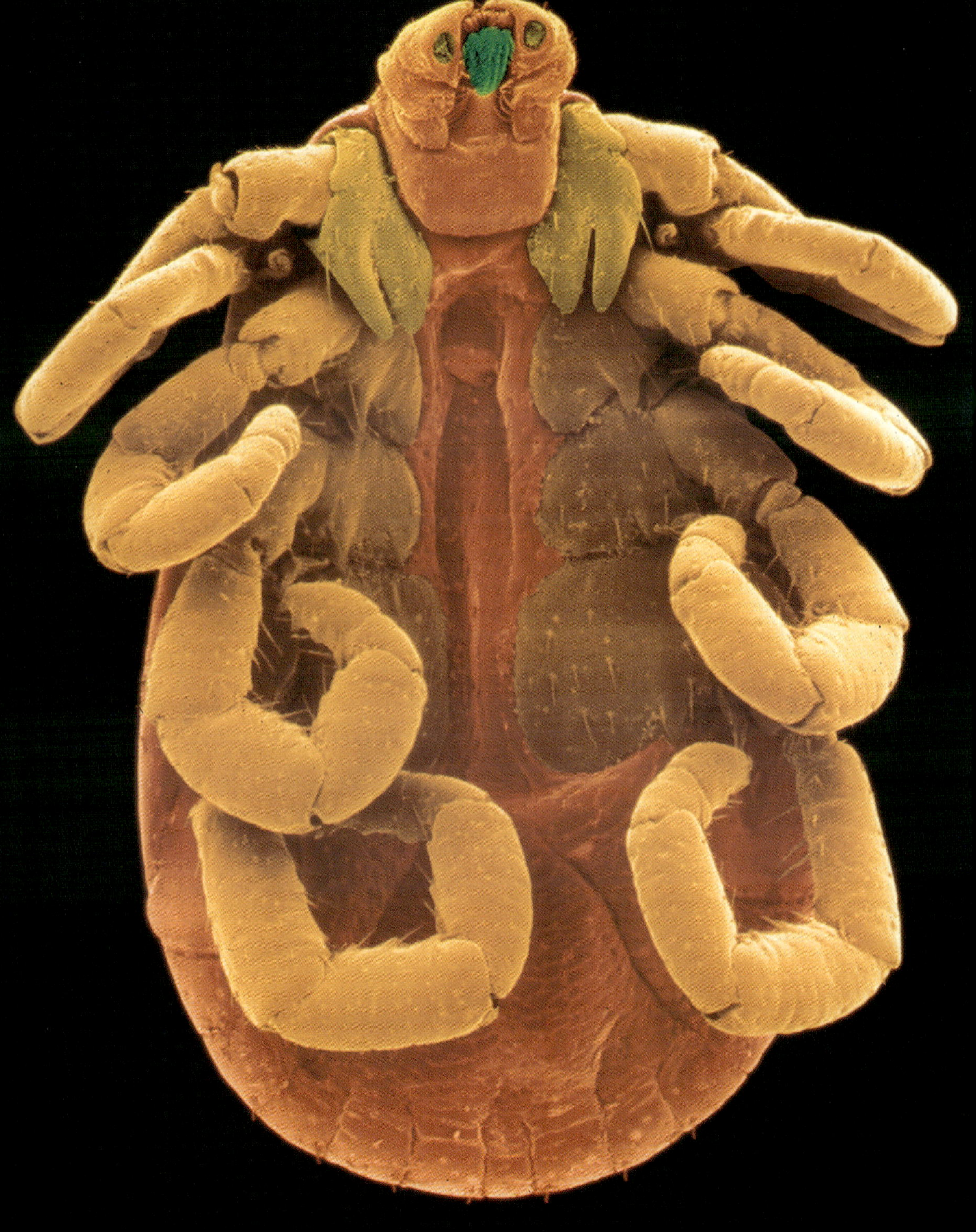

von Hund zu Hund übertragbar. Welpen infizieren sich bei der Geburt durch die Muttermilch.

Wie bei den meisten Ektoparasiten stellt der Milbenbefall an sich nicht das größte Problem für die Gesundheit des Hundes dar. Die Parasiten sind zwar lästig, die eigentliche Gefahr geht aber von Sekundärinfektionen aus. Durch das ständige Kratzen kommt es – unbehandelt – zu offenen Wunden, die bakteriellen Krankheitserregern das Eindringen in den Organismus des Hundes ermöglichen.

Zur erfolgreichen Behandlung wird der Tierarzt in aller Regel ein Mittel emp-

Vorsicht Hundezecke!

Sich im Freien aufzuhalten ist für jeden Hund das Größte. Leider sind auf vielen Wiesen und in Wäldern auch gefährliche Zecken zu Hause. Zecken sind häufig Träger des Bakteriums *Borrelia burgdorferi.* Am häufigsten findet man sie im Frühling und im Herbst. Wenn die Infektion früh erkannt wird, helfen die Antibiotika Penicillin und Tetracyclin. Unerkannt führt das Bakterium zu neurologischen, Herz- und Nierenschäden. Die Gelenke können sich entzünden, und jede Bewegung schmerzt dann.

Gegenüberliegende Seite: Die Hundezecke, *Dermacentor variabilis,* ist die am häufigsten auf Hunden zu findende. Beachten Sie die kraftvollen Kauwerkzeuge – kein Wunder, dass sie schwer zu entfernen ist.

Ein Holzbock, Träger des Erregers der Lyme-Borreliose. Die Aufnahme wurde eingefärbt.

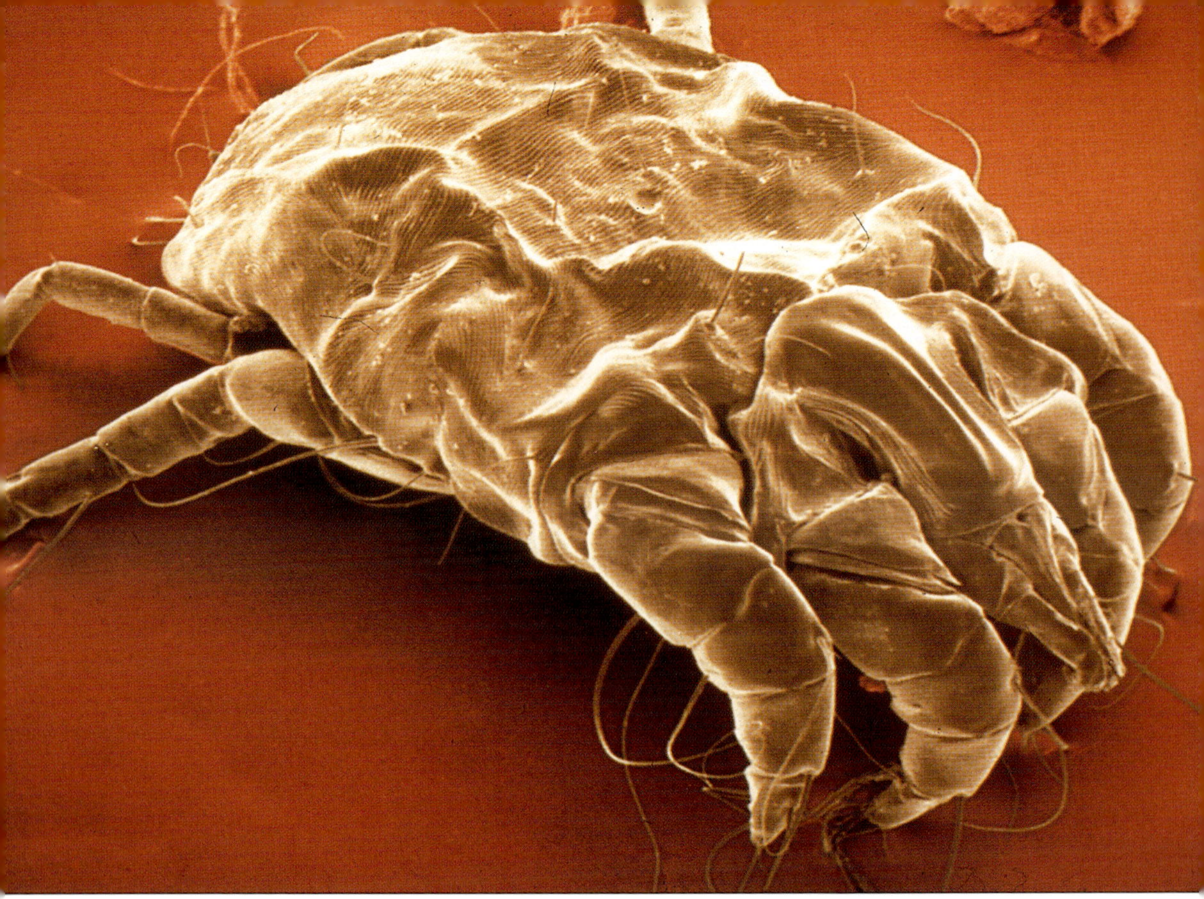

Eine Aufnahme der Räudemilbe, *Psoroptes bovis.*

fehlen, das in das gereinigte Ohr des Hundes geträufelt und dann sanft einmassiert wird. Diese Therapie müssen Sie zu Hause fortführen, bis keine Anzeichen mehr auf einen Befall mit Milben hinweisen.

Da einige Arten von Räude auf den Menschen übertragen werden können, sollte in jedem Fall schnellstmöglich eine Behandlung erfolgen.

Menschliche Kopfläuse sehen wie Hundeläuse aus und sind eng mit diesen verwandt.

Innere Parasiten (Endoparasiten)

Die meisten Tiere – Fische, Vögel und alle Säugetiere, Hunde und Menschen eingeschlossen – beherbergen Würmer und andere Parasiten, die im Innern des Körpers leben. Nach Ansicht des Fischpathologen Dr. Herbert R. Axelrod gibt es zwei Arten von Parasiten – dumme und schlaue. Die schlauen Parasiten leben mit ihrem Wirt in friedlicher Eintracht (Symbiose), während die dummen ihren Wirt umbringen.

Die meisten Wurminfektionen sind relativ einfach zu kontrollieren. Lässt man sie jedoch ungehindert ausufern, schwächen sie ihren Hundewirt letztendlich bis zu dem Punkt, an dem es zu anderen Gesundheitsproblemen kommt.

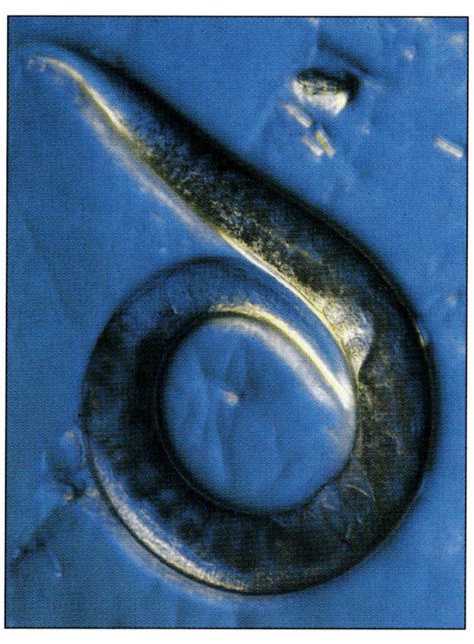

Der Spulwurm *Rhabditis* kann Hunde und Menschen befallen.

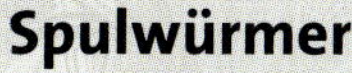

Spulwürmer

Durchschnittlich große Hunde können täglich 1 360 000 Spulwurmeier ausscheiden. Bei einem weltweiten Bestand von angenommen nur einer Million Hunden wird die Umwelt jeden Tag mit 1 300 Tonnen Hundekot belastet.

Diese Kotmenge enthält somit 15 000 000 000 Spulwurmeier. Sieben bis 31 Prozent aller Privatgärten und Buddelkästen in den USA sind mit Spulwurmeiern verseucht.

Den Kot Ihres Hundes in der Toilette hinunterzuspülen, ist keine Lösung, denn die Wasseraufbereitungsmaßnahmen im Klärwerk zerstören die Spulwurmeier nicht.

Infizierte Welpen beginnen im Alter von drei Wochen mit der Ausscheidung von Spulwurmeiern.

Spulwürmer

Der häufigste Spulwurm bei Hunden ist unter dem wissenschaftlichen Namen *Toxocara canis* bekannt. Er lebt im Verdauungssystem des Hundes und scheidet kontinuierlich Eier aus. Es wird vermutet, dass ein durchschnittlich großer Hund täglich etwa 150 Gramm Kot produziert, von denen jedes Gramm durchschnittlich 10 000 bis 12 000 Spulwurmeier enthält. Es gibt keine Bereiche, in denen sich Hunde aufhalten, die nicht mit Spulwurmeiern verseucht sind. Die größte Gefahr von Spulwürmern ist, dass sie auch Menschen befallen. Aus diesem Grund ist es wichtig, Ihren Hund regelmäßig zu entwurmen. Auch Schweine leiden an Spulwürmern, die auf Mensch und Hund übertragbar sind. Der Spulwurm trägt den wissenschaftlichen Namen *Ascaris lumbricoides*.

Entwurmen

Das Entwurmen Ihres Welpen ist ausgesprochen wichtig, denn viele Würmer, wie Band-, Haken- und Spulwürmer, können vom Welpen auf den Menschen übertragen werden.
Züchter entwurmen ihre Welpen das erste Mal bereits im Alter von etwa drei Wochen. Diese Prozedur wird gewöhnlich alle zwei bis drei Wochen wiederholt, bis die Welpen drei Monate alt sind. Der Züchter, bei dem Sie Ihren Welpen kaufen, sollte Ihnen einen Gesundheitspass aushändigen, in dem alle bereits verabreichten Impfungen und Entwurmungen im Detail vermerkt sind.
Ihr Tierarzt wird Ihnen für Ihren Welpen ein Entwurmungsprogramm empfehlen und überwachen. Im Normalfall wird ein Welpe alle 15 bis 20 Tage behandelt, bis er frei von Würmern ist. Verwenden Sie zu diesen Zweck keine Entwurmungsmittel, die nicht vom Tierarzt empfohlen wurden.

Hakenwürmer

Die Wurmart *Ancylostoma caninum* ist gewöhnlich als der Hundehakenwurm bekannt. Er ist auch für Katzen und Menschen gefährlich. Wie viele andere Würmer besitzt auch dieser Wurm Mundwerkzeuge, mit denen er sich in den Darmwänden seines Wirtes verankert. Da er seinen Standort allerdings etwa sechsmal täglich wechselt, kommt es an den beschädigten Darmwänden zu Blutungen, die zu einer Eisenmangelanämie führen können. Ein Hakenwurmbefall kann einfach mit einer Reihe von Medikamenten behandelt werden. Milbemyzin oxim kann auch bei einem Befall mit Hakenwürmern genommen werden.
In England taucht im offenen Grasland der Hakenwurm *Uncinaria stenocephala* häufiger auf. Er befällt vor allem Hunde, die sich länger im Freien aufhalten, wie Jagdhunde, Laufhunde und alle anderen Hunde, die viel im Freien trainieren.

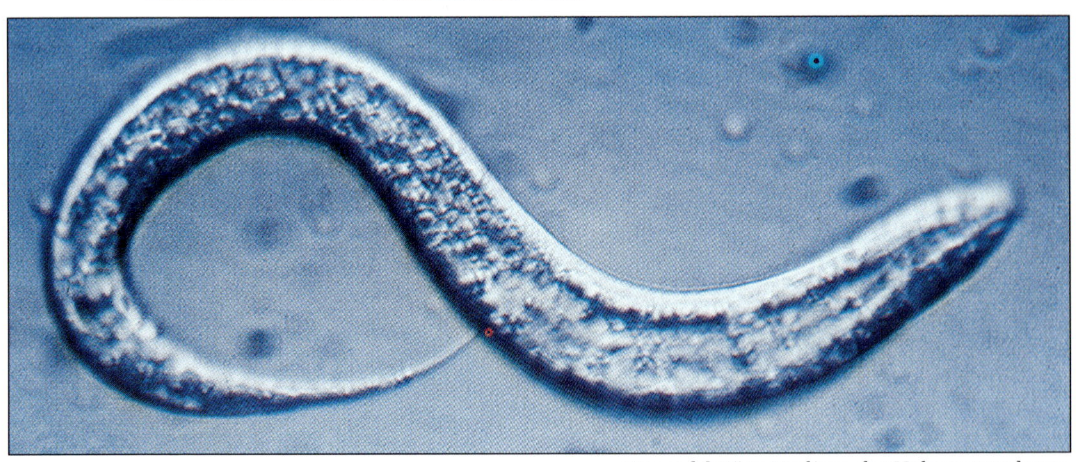

Das infektiöse Stadium der Hakenwurmlarve.

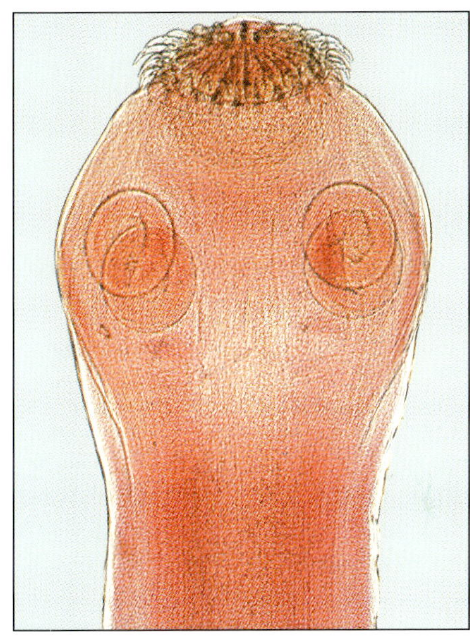

Links: Männlicher und weiblicher Hakenwurm, *Ancylostoma caninum*. Sie sind nur selten bei Haus- oder Ausstellungshunden zu finden.

Rechts: Der Kopf und das Rostellum (die runde Erhebung am Skolex) eines Bandwurms, der Hunde und Menschen befällt.

Bandwürmer

Menschen, Hunde und viele andere Säugetiere sind für Bandwurminfektionen anfällig. Nur für Menschen und Welpen stellen Bandwürmer ein lebensbedrohendes Problem dar. Haben sie erst einmal einen Wirt gefunden, vermehren sich die Parasiten tausendfach. Bandwürmer sind zweigeschlechtlich. Jeder Wurm und jedes Wurmglied besitzt männliche und weibliche Geschlechtsorgane.

Wenn Hunde infizierte Ratten oder Mäuse fressen, infizieren sie sich mit dem Bandwurm. Einen Monat nachdem sich der Wurm im Darm seines Wirts festgesetzt hat, beginnt er mit der Ausscheidung von Eiern, die umgehend infektiös sind und mehrere Monate ohne Wirt überleben können.

Bandwürmer

Es gibt verschiedene Arten von Bandwürmern. Am häufigsten werden Bandwürmer von Flöhen auf Hunde übertragen, indem der Hund den infizierten Floh frisst. Damit kann der Lebenszyklus des Bandwurms im Wirtstier beginnen. Bandwürmer sind jedoch auch noch auf anderen Wegen und nicht nur auf Hunde, sondern auch auf Menschen übertragbar. Während eine Bandwurminfektion für Hunde keine lebensbedrohende Angelegenheit ist, kann sie bei Menschen der Auslöser für eine sehr schwere Lebererkrankung sein. Etwa 50% aller Menschen, die sich mit dem Fuchsbandwurm *Echinococcus multilocularis* infizieren und hierdurch unter alveolärer Hydatidose leiden, sterben letztlich daran.

Herzwürmer

Herzwürmer sind dünne, bis zu dreißig Zentimeter lange Würmer, die in der Leber und den großen, das Herz umgebenden Blutgefäßen ihres Wirts leben. Hunde können bis zu 200 Würmer haben! Die Symptome sind Energieverlust, Appetitlosigkeit, Husten, Anämie und die Entwicklung eines aufgeblähten Abdomens.

Die Herzwurm-Parasitose ist in Deutschland nicht heimisch, denn der Überträger des Parasiten (*Dirofilaria immitis*) ist eine in Deutschland nicht vorkommende Mückenart. Dennoch kann sich Ihr Hund infizieren, wenn Sie ihn mit in ein gefährdetes Land nehmen, dazu gehören die USA, Afrika und der Mittelmeerraum. Der Erreger lebt im Herzgewebe sowie den angrenzenden Blutgefäßen der Lunge. Seine Larven, die Mikrofilarien, leben im Blut. Beim Blutsaugen nimmt die Mücke die Larven auf und gibt sie an andere Hunde weiter.

Es handelt sich um eine lebensgefährliche Parasitose, deren Behandlung langwierig und teuer ist. Eine Infektion kann verhindert werden, indem Sie Ihren Hund vor dem Reiseantritt in gefährdete Länder vom Tierarzt vorbeugend behandeln lassen.

Bluttests zum Nachweis sind nicht immer zuverlässig.

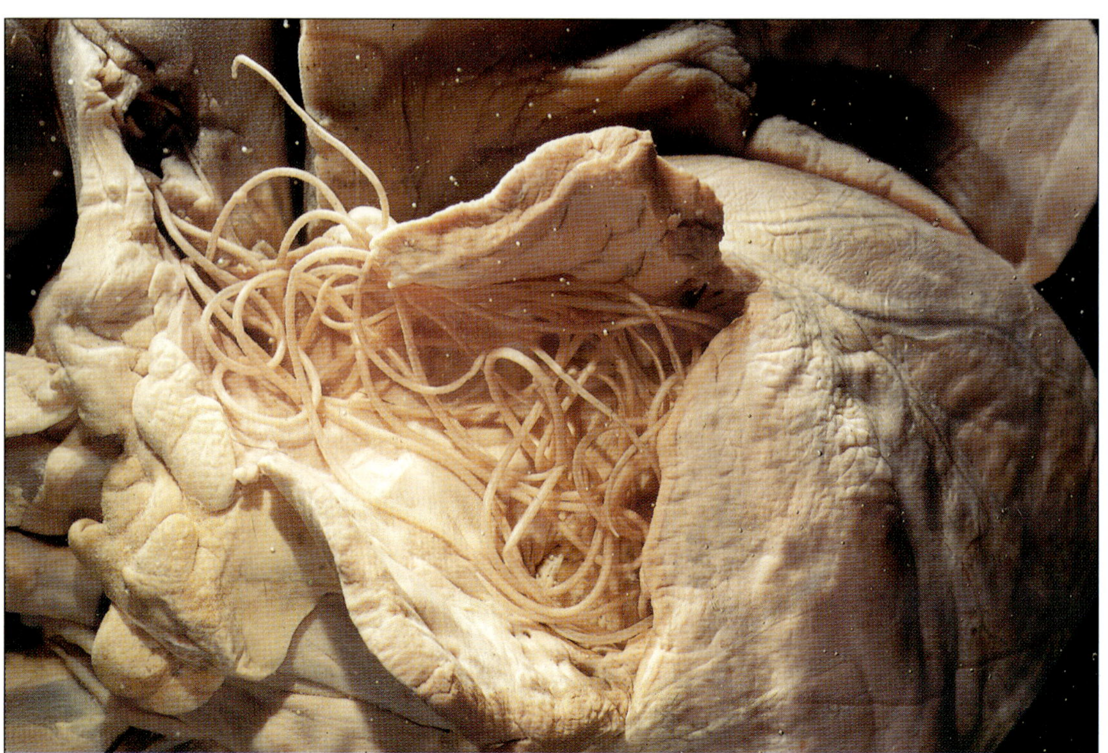

Das Herz eines von Herzwürmern *(Dirofilaria immitis)* befallenen Hundes.

Erste Hilfe auf einen Blick

Verbrennungen
Halten Sie die verbrannte Stelle unter kaltes Wasser, bei kleinen Verbrennungen können Sie einen Eiswürfel benutzen.

Insektenstiche
Benutzen Sie Eis, um die Schwellung zu verringern. Bei Allergie muss Ihr Hund sofort zum Tierarzt.

Tierbisse
Säubern Sie den blutenden Bereich, legen Sie eventuell einen Druckverband an. Suchen Sie den Tierarzt auf.

Verschlucken von Fremdkörpern
Den Hund nicht erbrechen lassen. Sofort den Tierarzt konsultieren.

Vergiftung mit Frostschutzmittel
Bringen Sie den Hund sofort zum Erbrechen.

Angelhaken
Wird am besten vom Tierarzt entfernt, muss zum Entfernen zerschnitten werden.

Schlangenbisse
Für den seltenen Fall packen Sie Eis um den Biss, rufen den Tierarzt an und versuchen die Schlange zu identifizieren.

Autounfall
Ziehen Sie den Hund mit Hilfe einer Decke von der Straße, suchen Sie sofort einen Tierarzt auf.

Schock
Beruhigen Sie den Hund, halten Sie ihn warm, suchen Sie sofort einen Tierarzt auf.

Nasenbluten
Legen Sie eine kalte Kompresse auf die Nase, bei sichtbaren Verletzungen üben Sie einen leichten Druck aus.

Blutende Wunden
Legen Sie einen Druckverband an, bedecken Sie die Wunde mit einer Wattekompresse.

Hitzschlag
Kühlen Sie den Hund mit feuchten Tüchern, frischer Luft und kühlem Wasser. Suchen Sie einen Tierarzt auf.

Schürfwunden
Säubern Sie die Wunde mit viel Wasser und tragen Sie ein Antiseptikum auf.

Unterkühlung, Frostbeulen
Wärmen Sie den Hund mit einem warmen Bad auf, legen Sie ihn auf eine elektrische Heizdecke oder eine Wärmeflasche.

Bedenken Sie, dass ein verletzter Hund aus Angst oder in Panik beißen kann. Legen Sie ihm einen Maulkorb an, bevor Sie ihm helfen.

Ihr Saluki auf Ausstellungen

Das Richten des Gebäudes ist eine „Tast-Aufgabe“, weil der Richter so den gesamten Körperbau des Saluki prüft.

Als Sie Ihren Saluki ausgesucht haben, haben Sie mit dem Züchter sicherlich besprochen, ob Sie einen Hund wollen, der ein lieber Begleiter und einfach ein Haustier sein soll, oder ob Sie hoffen, einen Saluki mit späterer Ausstellungskarriere zu erwerben. Kein angesehener Züchter wird Ihnen einen Welpen verkaufen, von dem er behauptet, dass der bestimmt Ausstellungsqualität hat, denn während der weiteren Monate der Entwicklung eines Welpen kann noch so viel falsch laufen. Wenn Sie beabsichtigen, auszustellen, können Sie hoffen, einen Welpen mit Ausstellungspotenzial zu haben, eine Garantie auf Erfolge gibt es nicht!

Für einen Anfänger mag das Ausstellen eines Saluki im Ring leicht aussehen, aber es benötigt viel harte Arbeit und Hingabe, um einen Top-Sieg bei einer renommierten Ausstellung, wie der Europasieger- oder Bundessiegerzuchtschau, zu erringen, nicht zu vergessen die gehörige Portion Glück!

Die erste Regel, die der Hundeanfänger lernt, wenn er eine Hundeausstellung beobachtet, ist, dass jeder Hund zuerst gegen Mitglieder seiner eigenen Rasse antritt. Die großen Ausstellungen sind in Deutschland alle auf dem Gruppensystem aufgebaut. Zum einen werden die einzelnen Rassen in Gruppen zusammengefasst, die Windhunde haben die Gruppe 10. Auf jeder Show werden die Tiere einer Rasse wiederum in verschiedene Klassen aufgeteilt. Der Richter wählt dann die besten Hunde jeder Klasse, daraus ermittelt sich der beste Rüde und die beste Hündin, und zwischen den beiden entscheidet sich, wer bester Hund der Rasse wird. Ist die Entscheidung für den besten Saluki gefallen, tritt dieser gegen die besten der anderen Windhundrassen an, und der

Wussten Sie schon?

Wer an einer der großen Ausstellungen der FCI teilnehmen will, braucht eine von ihr anerkannte Ahnentafel. Das heißt, der Hund muss aus einer anerkannten Zucht des VDH-Rassezuchtvereins oder eines ausländischen von der FCI anerkannten Dachverbandes stammen.

Schönste von allen ist dann der „Best in Show“ (Der Beste der Ausstellung). Handelt es sich um eine Ausstellung, bei der auch noch Rassen anderer Gruppen gerichtet werden, wird der schönste Windhund der Beste der Gruppe, der im Ehrenring gegen die anderen Gruppensieger antritt, und aus diesem ermittelt sich dann der BIS (Best in Show).

Die zweite Regel der Hundeausstellung, die Sie verstehen müssen, ist, dass die Hunde nicht vorrangig gegeneinander antreten. Vielmehr vergleicht der Richter jeden Hund mit dem Rassenstandard, der eine Beschreibung eines idealen Vertreters der Rasse ist. Während einige frühe Rassenstandards wirklich auf bestimmten – berühmten oder beliebten – Hunden basierten, sagen viele hingebungsvolle Enthusiasten, dass ein perfekter Hund, wie im Standard beschrieben, nie in einem Vorstellungsring gelaufen ist, nie gezüchtet worden ist und zum Jammer von Hundezüchtern der ganzen Welt, auch nicht existiert. Züchter versuchen zwar mit jedem Wurf, so nah wie möglich an den Standard heranzukommen, aber theoretisch ist der „perfekte“ Hund nahezu unmöglich. Und wenn der „perfekte“ Hund geboren wird, würden Züchter und Richter vielleicht nie darin übereinstimmen, dass er wirklich „perfekt“ ist.

Bevor Sie in den Ring gehen, ist es ratsam, sich das Richten auf einer Ausstellung in Ruhe anzuschauen. Wenn es Ihr erstes Mal im Ring ist, sollten Sie nicht vor Aufregung sofort in die vorderste Reihe drängen. Es ist viel besser, sich der Laufnummer entsprechend aufzustellen und zu beobachten, wie die Aussteller vor Ihnen auftreten und ihre Hunde präsentieren. Der Richter wird jeden Vorführer (handler) bitten, seinen Hund hinzustellen, und jeder zeigt hoffnungsvoll seinen Hund von dessen bester Sei-

Üben Sie zu Hause

Falls Sie sich entschlossen haben, Ihren Hund auszustellen, sollten Sie dafür üben. Er muss lernen, sich in korrekter Gangart und Manier an Ihrer Seite durch den Ring zu bewegen. Er muss sich in die richtige Pose stellen und vom Richter anfassen lassen. Bei den meisten Rassen ist ein komplettes Gebiss, bei allen ein besonderer Biss vorgeschrieben. Alle Rüden müssen zwei normal entwikkelte Hoden im Hodensack aufweisen. Spielen Sie mit Ihrer Familie und Freunden im Garten Ausstellung, um Ihren zukünftigen Champion darauf vorzubereiten!

te. Nun wird der Richter den Hund mit Abstand und aus verschiedenen Blickwinkeln heraus betrachten, an den Hund herangehen und sowohl seine Zähne, seinen Gesamteindruck, seine Bemuskelung und seine Aufmerksamkeit beurteilen und dann überprüfen, wie gut der Hund insgesamt dem Standard „entspricht". Als Nächstes lässt der Richter den Aussteller seinen Vierbeiner nach einem vorgegebenen Schema im Ring vorführen. Beobachten Sie vorher, wie der Richter die Aussteller laufen lässt, so sind Sie sich beim Vorführen sicherer. Denken Sie daran, dass der Grundsatz gilt: „Der Richter hat immer recht!"
Scheint Ihr Vierbeiner ein besonders gelungenes Exemplar der Rasse zu sein, sollten Sie ihn auf Ausstellungen bewerten lassen, der Züchter wird es Ihnen danken. Manche Hunde mögen allerdings nicht die Atmosphäre der Show, andere wiederum drehen in dem Moment, in dem Sie den Ring betreten, richtig auf und genießen die Aufmerksamkeit und Bewunderung der Zuschauer und des Richters. Der Züchter Ihres Hundes wird Ihnen sicherlich bei Ihren ersten Schritten auf dem Ausstellungsparkett behilflich sein und Ihnen nützliche Ratschläge geben. Nehmen Sie diese an, denn der Züchter ist ein „alter Hase" und weiß, wovon er spricht.
Seien Sie aber nicht enttäuscht, wenn Ihr Saluki nicht unter den ersten vier Hunden ist, die platziert worden sind, denn zum Gewinn gehören auch immer Geduld und Durchhaltevermögen. Erinnern Sie sich daran, dass die Gewinner selbst einmal an Ihrem Platz gestanden haben und viele Stunden und viele Kosten für eine Platzierung aufgewendet haben. Wenn Sie den Eindruck bekommen, dass Ihr Hund niemals gewinnt und keine gute Bewertung erhält, ist es vielleicht an der Zeit, sich nach einer anderen Beschäftigung mit dem Hund umzusehen, wie wäre es zum Beispiel mit Rennen, Coursing, Agility oder Mobility (der Spaßvariante)? Sehen Sie Ihren Saluki einfach als das, was er ist: ein lieb gewonnenes Haustier, an dem Sie Freude haben möchten und das sich bei Ihnen wohl fühlen soll. Machen Sie niemals die Zuneigung zu Ihrem Tier von dessen Erfolgen abhängig!

Einen Titel gewinnen

Eine Championats-Anwartschaft auf einer der Rassehundeausstellungen des VDH zu gewinnen, ist für jeden Hund eine große Auszeichnung. Den Titel eines Champions zu erhalten, erfordert viel Zeit und Einsatz. Die Bausteine für den Erfolg sind ein standardgerechter Hund, beste Pflege, Training, fachgerechtes Trimmen und nicht zuletzt das nötige Glück.
Aber auch ohne Championtitel macht es Spaß, seinen Hund gelegentlich auszustellen. Frei nach dem Motto: Dabeisein ist alles!

Der Verein

Wenn Sie daran interessiert sind, Hundeausstellungen zu besuchen, sollten Sie sich einem Rassenhundklub anschließen. In Deutschland werden die Windhunde und damit auch die Salukis vom Deutschen Windhundzucht- und Rennverband (DWZRV) betreut, der monatliche die Vereinszeitschrift „Unsere Windhunde“ herausgibt, aus der Sie neben vielen nützlichen Infos auch wichtige Adressen und Termine erfahren. Regional sind dem DWZRV Rennklubs angeschlossen, die ein eigenes Renngelände besitzen, auf dem Rennen und Coursings ausgetragen und oft auch Ausstellungen organisiert werden. Die renommierteste Ausstellung des DWZRV ist die Verbandssiegerausstellung. Alle in Deutschland gezüchteten Hunde, die sich im Besitz von DWZRV-Mitgliedern befinden, können dort vorgeführt werden. Auf den Ausstellungen des DWZRV werden auch die CAC's vergeben. Der Hund, der vier CAC's (Anwartschaften) bei drei verschiedenen Richtern in einem Zeitraum von mehr als einem Jahr bekommen hat, darf sich dann Deutscher Champion nennen.

Der DWZRV selbst ist wiederum dem Verband für das deutsche Hundewesen (VDH) angeschlossen. Diesem deutschen Hundezuchtverband gehören über 140 Rassehundzuchtvereine an. Der VDH stellt die Rahmenbedingungen für die ihm angehörenden Klubs auf, von der Zucht bis zur Registrierung. Er organisiert jährlich im Mai die Europasiegerzuchtschau und im Oktober die Bundessiegerzuchtschau, die beide in den Dortmunder Westfalenhallen stattfinden. An drei Tagen werden dort teilweise über 6 000 der besten Hunde Deutschlands und dem benachbarten Ausland vorgestellt.

Der Besuch in Dortmund ist ein echtes Erlebnis für jeden Hundeinteressierten: Neben dem eigentlichen Geschehen, nämlich der Bewertung der Hunde, gibt es noch ein buntes Rahmenprogramm, das die Arbeit von Rettungshunden, Hunde und ihre Menschen beim Agility, Rassevorstellungen und noch viele andere Highlights zeigt. Die Europa- und Bundessiegerzuchtschau selbst stehen jeweils unter einem besonderen Motto, dem mit Tagungen und Vorträgen Rechnung getragen wird. In einer Halle präsentieren sich viele Rassehundvereine mit Infoständen und bieten zusätzlich zum Ausstellungsring die Möglichkeit, allerhand Wissenswertes über die eigene oder künftige Rasse zu erfahren. Ein besonderes Bonbon sind die Verkaufsstände, die sich über zwei Hallen erstrecken. Dort können Sie alles Mög-

Das Wesen zählt

Obwohl es den Anschein hat, im Ausstellungsring zählte nur das Aussehen, ist auch das Wesen von größter Wichtigkeit. Ein aggressiver oder ängstlicher Hund sollte nicht ausgestellt werden. Unerwünschtes Verhalten wird nicht toleriert und stellt eine Bedrohung für Richter, andere Aussteller, Sie selbst und Ihren Hund dar.

Beim Coursing jagt der Hund eine Attrappe. Er wird dabei nach verschiedenen Punkten beurteilt, Schnelligkeit und Begeisterung eingeschlossen.

liche und Unmögliche für Ihren Vierbeiner kaufen, von antiquarischen Büchern, alten Bildern bis hin zu Hundehütten, Hundekleidung, Schmuck, Futter und Kauknochen in allen Variationen.

Rassehunde werden beim VDH in zehn Gruppen eingeteilt, die Windhunde stellen die Gruppe 10. Auf Ausstellungen werden die folgenden Klassen für jede Rasse angeboten: Jugendklasse (9 bis 18 Monate), Offene Klasse (ab 15 Monate), Gebrauchshundklasse (mit Leistungsnachweis), die Siegerklasse (mit bestätigtem Titel), die Veteranenklasse (ab 8 Jahre) und die Ehrenklasse (Hunde mit Titel, außer Konkurrenz). Einem Hund können Noten von „Vorzüglich", „Sehr Gut" über „Gut", „Genügend" bis zu „Disqualifiziert" zuerkannt werden. In der Jüngstenklasse (6 bis 9 Monate) werden die Bewertungen „Vielversprechend", „Versprechend" und „Guter Nachwuchs" vergeben. Vier Platzierungen werden in jeder Klasse vorgenommen. Nachdem alle Geschlechter und Klassen beurteilt sind, wird ein „Bester der Rasse" gewählt. Andere Klassen, zum Beispiel Paarklasse, können auch gezeigt

Hoch und runter! Das Überwinden eines Hindernisses in einer Agility-Übung.

werden. Jeder Aussteller, der einen Hund vorführt, erhält eine schriftliche Bewertung vom Richter. Bevor Sie Ihren künftigen Star auf der Europasieger- und der Bundessiegerzuchtschau ausstellen, sollten Sie ihn auf einer Ausstellung des DWZRV zeigen. Es ist sogar sinnvoller, es erst dort zu versuchen, denn die internationalen Ausstellungen finden fast immer in einer Halle statt. Die Ausstellungen des DWZRV dagegen werden im Freien organisiert. Dort können die Hunde und auch die Halter in ungezwungener Atmosphäre erste Erfahrungen sammeln und sich viel freier präsentieren.

Die Fédération Cynologique Internationale

Der VDH gehört der Fédération Cynologique Internationale (FCI) an. Entstanden 1911, stellt die FCI den „Weltrassehundklub" dar. Diese internationale Vereinigung bringt Einheitlichkeit in das Züchten, Beurteilen und Ausstellen reinrassiger Hunde weltweit. Obwohl die FCI ursprünglich nur fünf europäische Nationen einschloss: Frankreich, Deutschland, Österreich, die Niederlande und Belgien (das immer noch ihr Hauptsitz ist), betreut die Vereinigung heute Nationen auf sechs Kontinenten und erkennt über 300 Hunderassen an. Hunde aus jedem Land können an den großen Hundeveranstaltungen der FCI teilnehmen, die größte davon ist die „World Dog Show“ (Welthundeausstellung), die jedes Jahr in einem anderen Land ausgerichtet wird. Die FCI fördert sowohl nationale als auch internationale Ausstellungen. Das Gastgeberland bestimmt das „Richtsystem“, die Rassestandards basieren immer auf dem des Ursprungslandes.

Agility

Agility-Veranstaltungen gab es in Großbritannien erstmals 1977, und seitdem hat sich dieser Sport auf der ganzen Welt etabliert, besonders in den Vereinigten Staaten und neuerdings auch in Deutschland, wo es inzwischen sehr beliebt ist. Der Hundeführer dirigiert seinen Vierbeiner über einen Parcours, der Hindernisse (wie jene, die bei den Gebrauchs-Prüfungen verwendet werden), als auch Reifen, einen Laufsteg, offene Tunnel und einen am Ende geschlossenen Tunnel, usw. beinhaltet. Der VDH schreibt vor, dass die Hunde mindestens 12 Monate alt sein müssen, bevor mit ihnen Agility trainiert wird. Dieser Hundesport ist ein großer Spaß für Hund und Halter. Interessierte Hundebesitzer sollten sich einem Verein anschließen, wo sie Ihren Hund vorstellen können und wo sie alles über das Überwinden eines Agility-Parcours lernen.

Informationen zur FCI

Die FCI erkennt momentan über 330 Rassen an, von denen jede ein eigenes Mutterland hat. Der Standard einer jeden Rasse entsteht in enger Zusammenarbeit zwischen dem Mutterland und der Standard- und Wissenschaftskommission der FCI. Die Richter müssen sich bei der Bewertung der Hunde auf Zuchtschauen der FCI an diese Standards halten. Eine weitere Aufgabe der FCI ist es, die gültigen Standards ins Französische, Englische, Spanische und Deutsche zu übersetzen.

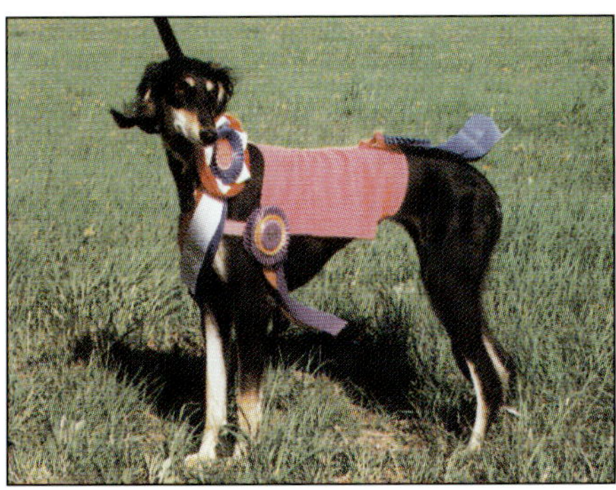

Gewonnen! Mit Ihrem Saluki haben Sie die Möglichkeit an Ausstellungen, Agility-Veranstaltungen und Windhundsport teilzunehmen.

Register

Seitenzahlen in **Fettdruck** stehen für Abbildungen

Name des Hundes ______________________________

Datum ________________ Fotograf ______________________________